सतरंगी दस्तरख़्वान

बहुसांस्कृतिक जीवन और खानपान

सतरंगी दस्तरख़्वान

बहुसांस्कृतिक जीवन और खानपान

सम्पादन
सुमना रॉय
कुणाल रे

अनुवाद
वन्दना राग
गीत चतुर्वेदी

राजकमल पेपरबैक्स

राजकमल पेपरबैक्स में
पहला संस्करण : 2023

राजकमल पेपरबैक्स : उत्कृष्ट साहित्य के जनसुलभ संस्करण

राजकमल प्रकाशन प्रा. लि.
1-बी, नेताजी सुभाष मार्ग, दरियागंज
नई दिल्ली-110 002
द्वारा प्रकाशित

शाखाएँ : अशोक राजपथ, साइंस कॉलेज के सामने, पटना-800 006
पहली मंजिल, दरबारी बिल्डिंग, महात्मा गांधी मार्ग, प्रयागराज-211 001
वेबसाइट : www.rajkamalprakashan.com
ई-मेल : info@rajkamalprakashan.com

यश प्रिंटोग्राफिक्स
नोएडा-201 301 (उत्तर प्रदेश)
द्वारा मुद्रित

मूल्य : ₹399

SATRANGI DASTARKHWAN
Edited by Sumana Roy and Kunal Ray
Translated by Vandana Rag and Geet Chaturvedi

ISBN : 978-81-19159-22-2

सतरंगी दस्तरख़्वान

क्रम

इस तरह ज़िन्दगी ने दिया है हमारा साथ

9

सम्पादकों की ओर से

11

मनोरंजन ब्यापारी

श्री भजहरी राधुनि की कथाएँ

13

लीला सैमसन

मुझे खाने के क़िस्से याद हैं, व्यंजन बनाने की विधियाँ नहीं

41

आशुतोष भारद्वाज

पांडुलिपियों और बन्दूक़ों की डगर पर रोहू मछली और जलेबी

59

दामोदर मावजो

पावरोटी यात्रा का ज़ायक़ा

71

कलापिनी कोमकली

भानुकुल का रसोई राग

99

जया जेटली

रचने वालों के साथ खाना

117

अमनदीप सन्धु

लंगर : 'किसान नहीं तो खाना नहीं' आन्दोलन की धड़कन

141

कल्याणी दत्ता

साँचों का क़िस्सा

159

नीलम मानसिंह चौधरी

अमृतसर का अमृत-भोज

173

वन्दना राग

प्रसंगवश : दाल, भात, भुजिया

191

लेखक-अनुवादक परिचय

205

इस तरह ज़िन्दगी ने दिया है हमारा साथ*

सतरंगी दस्तरख़्वान 'तक्षशिला एजुकेशनल सोसाइटी' की पहल से उपजी किताब है। तक्षशिला में निहित बहुआयामी संस्थागत मूल्य, साहित्य, संगीत, कला एवं संस्कृति को संरक्षित करने और विस्तार देने को समर्पित हैं। खाने से जुड़ी जीवन की कहानियाँ इसी का एक प्रमाण हैं। इस अनोखे विचार के पीछे सम्पादक-द्वय सुमना रॉय और कुणाल रे का खाने को लेकर ढेर सारी जिज्ञासा, प्यार और उत्साह था। सुमना अपने एक साक्षात्कार में कहती हैं—खाना आनन्द देता है लेकिन उसके पीछे की कहानी होती है। खाने में अनेक गम्भीर, यादगार संकेतार्थ होते हैं जिन्हें जानना और सँजोना हमें ज़रूरी लगा और हम उन्हें दर्ज करने की योजना बनाने लगे। उसी दौरान कुणाल की तक्षशिला एजुकेशनल सोसाइटी के संस्थापक संजीव कुमार की एक दिलचस्प मुलाकात हुई और स्वाद से भरे खानों से शुरू होकर बात खाने के दस्तावेज़ीकरण और उसके आर्काइवल महत्त्व पर आकर ठहरी। तक्षशिला ने इस योजना को आर्थिक एवं नैतिक समर्थन देना तय किया। फिर शुरू हुआ सिलसिला विभिन्न सांस्कृतिक क्षेत्रों से

* साहिर लुधियानवी

जुड़े लेखकों से सम्पर्क का और उनकी स्मृतियों और अनुभवों से जुड़े खानों के संग समय, क्षेत्र और धरोहर के दर्ज होने का।

योजना की शुरुआत ऑनलाइन हुई। डिजिटल पटल पर *ऑनईटिंग* नामक जर्नल दिनों दिन पाठकों द्वारा सराहा जाने लगा। अमूमन साहित्य में अलक्षित रह गए खाने के माध्यम से अंग्रेज़ी, हिन्दी तथा लेखक की मूल भाषा (बांग्ला, तेलुगु, कोंकणी आदि) में कही गई कहानियाँ ख़ूब पसन्द आने लगीं। सभी आलेखों के अनुवाद हिन्दी में किए गए और साल भर बाद सम्पादकों और तक्षशिला ने मिलकर इस किताब को प्रिंट में लाना तय किया।

हिन्दी में इन आलेखों का अनुवाद मुख्यतः वन्दना राग ने किया है। कलापिनी कोमकली एवं आशुतोष भारद्वाज ने अपने आलेख मूल हिन्दी में ही लिखे हैं और नीलम मानसिंह चौधरी के आलेख का अनुवाद कवि-लेखक गीत चतुर्वेदी ने किया है।

तक्षशिला इस किताब की परिकल्पना एवं प्रकाशन के लिए सम्पादक-द्वय सुमना रॉय, कुणाल रे तथा किताब में उपस्थित सभी लेखकों एवं अनुवादकों की बहुत आभारी है। उम्मीद है जिस तरह का प्यार *ऑनईटिंग* को मिला है, उसी तरह का प्यार *सतरंगी दस्तख़्वान* को भी पाठक ज़रूर देंगे।

सम्पादकों की ओर से

जैसे इस बात को ठीक-ठीक नहीं समझाया जा सकता कि हमें विविध आस्वादों वाले खानों (व्यंजनों) को खाने की इच्छा क्यों और कैसे पैदा होती है; वैसे ही यह बताना मुश्किल है कि हमारी पत्रिका—*ऑनईटिंग* (www.oneating.in) कैसे और कहाँ से उपजी।

हो सकता है इसकी पैदाइश के पीछे खानों के बारे में अपने आस-पास लिखे जा रहे आलेखों से उभरा असन्तोष हो। इन आलेखों में खाने का प्रदर्शनकारी महिमामंडन किया जाता है और पाठक, दर्शक उसे एक दृश्यरतिक की तरह ऐसे निहारते रहते हैं जैसे खाना महज़ उत्तेजक आनन्द की वस्तु है। हम इस सनसनीखेज़ तमाशे से अलग हटकर खाने की साधारणता और उस साधारणता के भीतर छिपे दुर्लभ इतिहास, भूगोल, गहरे रिश्तों और उसके अन्तर्निहित गुणों के बारे में जानना चाहते थे और सबके साथ साझा करना चाहते थे उस दुर्लभता को, जो मोहकता से कहीं आगे जाकर खाने की संवेदनशील कहानी का बयान करती है। ठीक वैसा ही बयान जैसा रस-सिद्धान्त के एक विशेषज्ञ ने समझाया है—*आहा! कितना सुन्दर हो, यदि सम्पूर्ण ब्रह्मांड का रस हमारी जिह्वा पर हो।*

दरअसल हम सर्वाहारी हैं और हमारा लक्ष्य सभी प्रकार के स्वादों, सभी विधाओं, संवेदनाओं, अनुभूतियों—आनन्द और अरुचि

समेत, खाने वाले जीवन और जीवन में भरे खानों (भोजन) का एक अभिलेखागार स्थापित करना है। इस किताब में संकलित आलेख उसी का शुरुआती हिस्सा हैं। इन विविधवर्णी आलेखों में जहाँ मनोरंजन ब्यापारी ने अपने संघर्षों की गरिमा को खाने के माध्यम से व्यक्त किया है वहीं लीला सैमसन और नीलम मानसिंह चौधरी ने अपने नृत्य और रंगमंच की यात्रा को अपने खाने के चुनाव के साथ जोड़कर देखा है। जब आशुतोष भारद्वाज हमें अपने आलेख में असम लिये चलते हैं और खाना और मिथकों का दिलचस्प सम्बन्ध उद्घाटित करते हैं तब दामोदर मावजो अपने प्रदेश, गोवा की सांस्कृतिक यात्रा में ब्रेड के अहम किरदार की व्याख्या करते दिखलाई पड़ते हैं और कलापिनी कोमकली खाने के माध्यम से अपने प्रतिष्ठित संगीतज्ञ माता-पिता—वसुन्धरा कोमकली और कुमार गन्धर्व के साथ बिताए गए पलों को जीवन्त करती हैं। इन्हीं आलेखों में जहाँ एक ओर, लोक-शिल्प और कला की विशेषज्ञ जया जेटली बुनकरों और शिल्पकारों के संग खाए गए खानों से हथकरघा और कला की दुनिया की बानगियों तक ले जाती हैं वहीं दूसरी ओर, अमनदीप सन्धु हाल ही में हुए किसान-आन्दोलन को लंगर के खाने के माध्यम से प्रकाश में लाते हैं। कल्याणी दत्ता सन्देश (मिठाई) बनाने वाले काठ और मिट्टी के साँचों की मार्फ़त अपनी पुरखिनों की कहानी बयान करती हैं और वन्दना राग जो इस रोमांचक यात्रा में हमारी सहयात्री रही हैं, अनुवाद के माध्यम से, खाने के इस *सतरंगी दस्तरख़्वान* को आपके समक्ष प्रस्तुत करने के अपने अनुभवों को अपने जीवन-अनुभवों के बरक्स रखती हैं और खाने की इस अनन्तिम नवरस-यात्रा में सबके साथ छाया की तरह बनी रहती हैं।

सुमना रॉय • कुणाल रे

श्री भजहरी राधुनि की कथाएँ

मनोरंजन ब्यापारी

मैं अपने-आप को लेखक नहीं समझता। जैसे खेलते-खेलते लोग खिलाड़ी कहलाने लगते हैं उसी तरह मैं बिन मंशा, बिन पढ़ाई-लिखाई, लिखने लगा और लेखक कहलाने लगा। लेकिन लेखक होने से पहले मैं एक रसोइया था। उससे पहले मैं रिक्शा चलाया करता था और उससे भी पहले...क्या-क्या कहूँ, फ़ेहरिस्त लम्बी है।

दरअसल मेरी ज़िन्दगी असफलताओं की मिसाल रही है। ज़िन्दगी मुझे इतनी जगहों पर लेकर गई है कि अब मुझे वे पते भी याद नहीं, जहाँ-जहाँ मैं गया और मैंने काम किया। मैं पढ़-लिख नहीं पाया। मेरे पिता के पास इतने साधन नहीं थे कि वे मेरे लिए पढ़ने लायक किताबें और पेट-भर खाने का इन्तज़ाम कर सकें। इसीलिए पेट भरने के लिए मैं हर वह काम पकड़ लिया करता था जो मुझे ज़िन्दा बचाकर रख सके। मैंने कुली का काम किया, दिहाड़ी पर मज़दूरी की, रिक्शा चलाया, डोम का काम किया, मैला साफ़ किया, ट्रक पर खलासीगीरी की, चौकीदारी की और एक बार मैंने एक अनाथालय के लिए विधिवत भीख माँगने का काम भी किया।

मैं जब बच्चा था तभी से काम पर लग गया था। तब मैं इतना बच्चा था कि बिछौने पर पेशाब कर देता था और उसे क़ाबू करने लायक नहीं हो पाया था। उस वक़्त मुझे गाय, बकरी चराने के काम

पर लगा दिया गया था। उसके बाद चायख़ाने पर नौकर हुआ। वैसे उस वक़्त तो यह बात चिन्तनीय नहीं लगती थी लेकिन आजकल जब से एक चायवाले का नाम ज़ोरों से फिजाँ में गूँजने लगा है और लोग उससे ख़ौफ़ खाने लगे हैं तब चायवाला होने की बात भी चिन्तनीय लगने लगती है। लेकिन मैं ख़ौफ़नाक कभी नहीं रहा। सच तो यह है कि न मैंने कभी चाय बनाई न ही चाय बेची। मैं तो बस उस चायख़ाने में एक अदना नौकर की हैसियत रखता था और गन्दे गिलास धोता था।

अगर मेरी हैसियत चाय बेचने की होती तो मैं भी आज दस लाख का सूट पहनता और लाखों रुपयों वाले स्वादिष्ट मशरूम खाता, महँगे हवाई जहाज़ों में उड़ता, मेरा घर पन्द्रह हज़ार करोड़ का होता, मेरे आसपास हज़ारों की तादाद में चाकरी करने वाले लोग होते, पचास लाख कमाने वाला ब्यूटिशियन मेरा मेकओवर करता और जब-जब मुझे ज़रूरत महसूस होती, मैं अपना मेकअप करवाता और करवाता ही रहता। मैं अपनी मर्ज़ी से दुनियाभर में चक्कर लगाता, लाल और नीली परियाँ मेरे आसपास मँडराती रहतीं और लाखों रुपये मेरे मनोरंजन में ख़र्च होते। इतना सब कुछ, मेरे हाथों से सिर्फ़ इसलिए फिसल गया क्योंकि मेरे पास चायवाला होने की क़ाबिलियत नहीं थी।

जब मैं किशोरावस्था में पहुँचा तब मैंने एक राजमिस्त्री के सहायक के रूप में काम किया। मैं रोज़ सुबह उठकर मुख्य सड़क पर काम ढूँढ़ने निकल जाता था। मेरी तरह के बहुत सारे काम ढूँढ़ने वाले लोग इसी तरह सड़क पर जमा होते थे। वे सब बंगाल के अलग-अलग कोनों से काम की तलाश में आते थे। वैसे हमारे देश में ज़रूरत से ज़्यादा मज़दूर हैं और उन्हें काम देनेवालों की संख्या कितनी कम है। हर दिन मज़दूरों की संख्या बढ़ती जाती है और ज़ाहिर है, सबको काम नहीं मिलता है। जैसे जानवरों के बाज़ार में तन्दुरुस्त, खाई-पीई गाय को ज़िबह के लिए परखा जाता है वैसे ही हमें राजमिस्त्री परखते

थे और मोलभाव करते थे। जो मज़दूर सबसे कम पैसों पर काम करने को राज़ी हो जाता था उसे ही वे काम पर रख लेते थे।

एक दिन एक आदमी आया और मेरे सामने रुक गया। इतना मोटा, चर्बी से भरा, भारी शरीर था उसका कि क्या कहूँ? कीर्तनियों जैसे लम्बे-लम्बे बाल थे जिनमें जम के सरसों तेल मला हुआ था। पैरों के तलवे कटे-फटे थे। चप्पल उसने पहनी नहीं थी। धड़ पर पूरे बाँहों की सफ़ेद बनियान कसी हुई थी जिस पर पीले धब्बे थे। गर्दन से मोटा जनेऊ झाँक रहा था। जनेऊ इतना मोटा था कि उससे एक गाय को नाथा जा सकता था और आत्महत्या बख़ूबी की जा सकती थी। उस आदमी के मुँह से कुछ दाँत ग़ायब थे। बावजूद इस कमी के, उसका मुँह अलसुबह ज़रदा पान से ठुँसा हुआ था और उसकी झनझनाती ख़ुशबू हवा में तारी हो रही थी। वह मेरे नज़दीक आकर बोला—"एई, मेरे साथ काम करेगा?"

मैं सुबह से काम के इन्तज़ार में था। कोई तो ऐसा आए जो मुझे काम दे! मैं उससे थोड़ा पेशगी लूँ, दोपहर का खाना ख़रीदूँ और शाम के लिए सब्ज़ियाँ ख़रीदकर घर ले जाऊँ, जिससे मेरे माता-पिता और भाई-बहन भी अपना पेट-भर सकें।

"कैसा काम है आपके पास?" मैंने पूछा।

"विवाह समारोह का काम है।" उसने जवाब दिया।

"तुम्हें ट्यूबवेल से पानी निकालना होगा, फिर उसे ड्रमों में भरना होगा। खाने के लिए मसालों को खलबट्टे से कूटना होगा, केले के पत्तल और कुल्हड़ ठीक से धोने होंगे और खाना ख़त्म होने के बाद जूठे पत्तल और कुल्हड़ फेंकने भी होंगे।"

यह बहुत पहले की बात है। उस समय मिक्सर-ग्राइंडर नहीं होते थे और आपको कुटे-पिसे मसाले दुकानों पर भी नहीं मिलते थे। अतिथि काग़ज़ की प्लेट में खाने के आदी भी नहीं हुए थे। उस

समय केटरिंग बिज़नेस जैसा कोई काम शुरू नहीं हुआ था इसीलिए ऐसे समारोहों में घर का मुखिया, ख़ुद सारे काम करता और करवाता था। वह बाज़ार से कच्चा माल ख़रीदता था, रसोइयों को बुलाता था, उनसे समूचे आयोजन का खाना बनवाता था जिसे घर के लोग ही अतिथियों को परोसते थे। जब खाना परोसने की बारी आती थी तो मैं देखता था कि बड़ी उम्र के लोगों से अधिक, नौजवान लड़के काम में बढ़-चढ़कर उत्साह से हाथ बँटाते थे। मैं देखता था कि वे मटन से भरी बाल्टी और मिठाइयाँ ले महिलाओं के इर्द-गिर्द मँडराया करते थे और मधुर आवाज़ में अनुरोध करते थे—"आप रोशोगुल्ला क्यों नहीं खातीं, बहुत अच्छा है, असली वाले भीम राज का है। एक और पीस मटन खाइए न!"

इन नौजवानों की हरकतें देखकर यह साबित हो जाता था कि वे महिलाओं के दिल तक पहुँचने का रास्ता ढूँढ़ रहे हैं। वे परोसने के बहाने महिलाओं से प्रेम-निवेदन करने की कोशिश करते थे—"हमें अपने दिलों में थोड़ी जगह दीजिए। हम वहाँ रहना चाहते हैं।"

उस पृथुलकाय आदमी ने मुझे तीन रुपये प्रतिदिन और भर पेट भोजन का प्रस्ताव दिया। मुझे मछली, मीट, दही, मिठाई सब कुछ खाने की छूट थी। मैं तब तक खा सकता था जब तक मेरा पेट पूरी तरह ठुँस न जाए और मैं उसके बाद कुछ भी खाने लायक न रहूँ। इसके अतिरिक्त बचे-खुचे खाने को गमछे में बाँधकर घर ले जाने की छूट भी वह मुझे दे रहा था। इस घटना को याद करते ही मुझे एक दूसरी घटना याद आ गई जो बाद में घटी थी।

नरेश ठाकुर नाम के एक आदमी के साथ, हम सब मज़दूर काम पर जाते थे। नरेश ठाकुर का एक सहायक था जिसका नाम दुखे था। ज़्यादातर दिनों से दुखे, दिहाड़ी मज़दूर की तरह काम करता था, लेकिन इस बार जैसे ही उसे भरपूर भोजन की सम्भावना दिखी वह

हमारे साथ हो लिया। हालाँकि यहाँ उसे सोलह घंटे की मज़दूरी के मुक़ाबले कम पैसे मिल रहे थे, फिर भी वह ख़ुश था।

नरेश ठाकुर, मालिक के पास उन सामान की सूची भेजता था जिन्हें समय-समय पर ख़रीदा जाता था। उस दिन भी नरेश ने मालिक के लिए एक सूची तैयार कर रखी थी। उन दिनों लोग अपने स्वास्थ्य को लेकर इतने चिन्तित नहीं रहा करते थे जैसे आज रहते हैं। उन्होंने भोजन को हिस्सों में बाँटकर खाने का अनुशासन अपने ऊपर नहीं लादा था। लोग ख़ूब छककर खाया करते थे और वह एक सकारात्मक बात मानी जाती थी। जो लोग छककर खाते थे उनका लोग विशेष ध्यान रखते थे, उनको सराहते थे और खाते वक़्त और अधिक खाने के लिए प्रोत्साहित किया करते थे।

नरेश ने सूची देखी—सौ लोगों के लिए ढाई किलो मूँग दाल का अनुमान लगाया गया था। दाल की मात्रा मछली की मुंडियों की वजह से और बढ़ने वाली थी। "प्रत्येक अतिथि के हिस्से में मछली के चार टुकड़े आने वाले हैं ध्यान रखना," नरेश ने कहा, "एक किलो में कम-से-कम सोलह टुकड़े हों बिना मुंडियों वाले, बीस किलो मटन भी प्रत्येक सैकड़ा और चार पीस रोशोगुल्ला प्रत्येक अतिथि को मिलना चाहिए।" उस दिन ठाकुर लोग सबके खाने के बाद खाने पर बैठे। इसके बाद घर लौटने वाली यात्रा लम्बी और थका देने वाली थी इसलिए वे अधिक खाना बाँधकर ले जाने को उत्सुक नहीं थे। इतने सारे खाने को समेटने का एक ही उपाय था—सब कुछ पेट में ठूँस लेना।

उस समय मैं कलकत्ता से भागकर जलपाईगुड़ी आ गया था और मिठाई की एक दुकान में नौकर हो गया था। वहाँ मुझे कोई पगार नहीं मिलती थी, बस खाने को मिलता था। दिहाड़ी की मज़दूरी में, मैं प्रतिदिन दो रुपये कमा लेता था, लेकिन यहाँ ऐसा कुछ भी नहीं मिलता था। दूसरे शब्दों में कहूँ तो यहाँ वे मेरी मजबूरी का फ़ायदा उठा रहे

थे। लेकिन मैं आसानी से ठगा जाने वाला नहीं था। इस अन्याय का बदला मैं दस रसगुल्ले, कलाकन्द और चमचम खाकर ले लेता था। इसमें प्रत्येक मिठाई का दाम चार आना था। एक दिहाड़ी मज़दूर को आठ घंटे काम करने के बाद तीन रुपये मज़दूरी मिलती थी, रसोई बनाने के लिए भी इतने ही पैसे मिलते थे लेकिन दुगने घंटों तक काम करना पड़ता था। ऐसे में वे बेचारे खाने का काम करने वाले क्या करते? वे अपने अतरिक्त घंटों के एवज़ में खाना खाकर पैसों की भरपाई करते थे। मेघ दास तो मुँह में पान दबाए-दबाए कलाकारी दिखाता था और पान को पीछे कर, मुँह के बाएँ हिस्से से मीट, मछली, काजू, किशमिश और खजूर चबाने की कला को साध चुका था। वह सैकड़ों, नज़र रखने वाले चौकीदारों के सामने बैठकर इस कला को आज़माता था और चौकीदारों को उसके खाने का पता नहीं चलता था। उन्हें लगता था मेघ दास सिर्फ़ पान चबा रहा है।

बाबू लोगों की प्राचीन मान्यता थी—सारे रसोइये चोर होते हैं। उनके अनुसार, जैसे ही लोग रसोइयों की नज़रों से ओझल होते हैं रसोइये पट से अपने मुँह में खाने की चीज़ रख लेते हैं। इसीलिए तेज़ नज़र वाले व्यक्ति को ही नए रसोइये पर निगरानी रखने का काम सौंपा जाता है। ये ओवरसियर बड़ी शान्ति से नरम स्वरों में बात करते हैं। ये रसोईघर के सामने कुर्सी डालकर बैठ जाते हैं और कहते हैं—"ना, ना, मैं यहाँ निगरानी रखने नहीं आया हूँ। यदि किसी को कुछ पकाना है तो उसे कौन रोक सकता है? मैं तो यहाँ हूँ क्योंकि खाना पकते देखना मुझे अच्छा लगता है।" कोई भी रसोइया इस बात पर यक़ीन नहीं करता और कहता—"अरे कोई बात नहीं, तुमको जितनी निगरानी रखनी है रखो, हमको कोई फरक नहीं पड़ता है। हम चोर थोड़े ही हैं।"

उस दिन हमने विशेष तरह का मछली झोल बनाया था—माछेर कलिया जो कतला मछली से बना था। कतला मछली एकदम ताज़ी और स्वादिष्ट थी। दुखी चेहरे और भूखे पेट के साथ दुखे ने मछली के सात टुकड़े उदरस्थ कर लिए थे। जब खाना ख़त्म हुआ तब नरेश, मालिक के पास गया और कहा, "सर, अब हमारे पैसे दे दीजिए। देर हो गई है अब हम जाएँगे।"

"क्या पैसे तुम्हें अभी चाहिए? क्या कल आकर नहीं ले सकते?"

"हाँ सर, अभी चाहिए। कल वापस आने का मतलब एक पूरा दिन बर्बाद करना होगा। हमें बस की टिकट पर भी पैसा ख़र्च करना होगा। अगर पैसा आप अभी दे देंगे तो बहुत झंझटों से मुक्ति मिल जाएगी।"

मालिक अन्दर गया और पैसे ले आया। जब नरेश उन्हें गिनने लगा तो उसने पाया कि उसमें दो रुपये कम थे।

"इसमें दो रुपये कम हैं बाबू!" नरेश ने कहा।

"ना, ना बिलकुल नहीं। मैंने ख़ुद जोड़ा है।" इसके बाद मालिक

उर्फ़ मजूमदार बाबू, बारिसाल वाले लहजे में कहने लगे, "सोलह रुपये तुम्हारे चार पिछलग्गुओं के लिए और आठ तुम्हारे लिए, कितने हुए? चौबीस रुपये! जिनमें से पाँच तुम पहले ही ले चुके हो पेशगी, अब बचे उन्नीस, फिर तुम्हारे आदमी ने मछली के तीन टुकड़े अधिक खाये हैं इसीलिए मैंने हिसाब से दो रुपये और काट लिये हैं और सत्रह रुपये दे रहा हूँ। ख़ुद गिन लो। गिनो न!"

"लेकिन...लेकिन..." नरेश हकलाने लगा, "ऐसा कैसे? हम तो हर जगह मुफ़्त में खाते हैं। आप उसके लिए भी हमारे पैसे काट रहे हैं?"

इस पर वह आदमी चिंघाड़ने लगा—"तुमने अपने हिसाब से मछली के चार टुकड़ों की बात कही थी फिर वे सात कैसे हो गए? मुफ़्त का होने का मतलब यह तो नहीं कि तुम सारा गड़प जाओ। इसे एक सीख की तरह लो और आगे जहाँ भी काम पर जाओ सावधानी बरतो।"

"लेकिन" नरेश ने अपने पैसे वसूलने का अन्तिम प्रयास किया—"सबने तब तक खा लिया था बाबू और खाना बहुत बचा गया था, इसीलिए।"

"बचा हुआ खाना हो या न बचा हुआ खाना। याद रखो जो बच हुआ है वह मेरा है और मैं उसके साथ क्या करता हूँ, यह मेरे मन पर है—मैं वह खाना आदमियों को खिलाऊँ या कुत्तों को डालूँ, यह तुम मुझे नहीं बताओगे।" यह कह, ज़ोर से दरवाज़े को हमारे मुँह पर बन्द करता हुआ वह घर के अन्दर चला गया।

उस दिन ज़िन्दगी में पहली बार मुझे वह गन्ध महसूस हुई थी जो बाबुओं की देह से निकलती है! उस दिन पहली बार मैंने सम्भ्रान्त भद्रलोक का असली चेहरा देखा था। देह से निकलती वह दुर्गन्ध मेरे अन्दर उबकाई पैदा कर रही थी और मैं अन्दर तक हिल गया था।

उस दिन के बाद से मेरे अन्दर बाबू लोगों के प्रति रोष बढ़ता ही गया जिससे मैं उन पर सहज भरोसा न कर उनसे सतर्कता बरतने लगा था।

मैं विभाजन की सन्तान था। शरणार्थियों के घर जन्मा था। पौष्टिक खाना तो दूर की बात है, हमें एक वक़्त का भरपेट भोजन भी नसीब नहीं था। पहले मेरे पिता मज़दूरी कर कुछ खाना घर ले आते थे, लेकिन बाद में वे गैस्ट्रिक अल्सर से पीड़ित हो गए और काम पर जाने लायक नहीं रहे। मेरा परिवार मेरे भरोसे हो गया। मैं जितना कमाता था उतने पैसों में कभी थोड़ा गेहूँ ख़रीद पाता था, कभी थोड़ा मकई। उन दिनों मेरे पास नमक और सब्ज़ी ख़रीदने के भी पैसे नहीं होते थे इसीलिए मैं सामने आए रोज़गार को ठुकरा नहीं पाता था। दूसरा कोई रोज़गार होता तो मुझे आठ घंटे काम करना होता और यहाँ सुबह सात बजे से आधी रात तक काम करना था, फिर भी मैंने यह काम स्वीकार किया था। एक कहावत है न—ज़िन्दगी का प्रत्येक अनुभव हमें धनवान बनाता है! कौन जानता था कि रसोइये के रूप में मेरा अनुभव बाद की ज़िन्दगी में मेरे काम आएगा? देखिए न, उसी की वजह से तो मैं आज यह लेख लिख रहा हूँ।

मैं निचले से भी और कहीं निचले वर्ग का हूँ। भारतीय जाति-व्यवस्था का वह अछूत बालक जिसका अपराध, बचपन में ही तय कर दिया जाता है। यदि मेरी जाति का कोई व्यक्ति किसी ऊँची जाति वाले का भोजन छू दे तो वह पाप होता है। जो व्यक्ति मुझे बुलाने आया था वह इसी अछूत जाति का था और चूँकि उसे अच्छा भोजन बहुत प्रिय था तो उसके पास इस धन्धे में जाने के अलावा कोई चारा नहीं था। यह तय करने के बाद उसने इस धन्धे में प्रवेश पाने का एक उपाय सोचा—उसने एक गुरु ढूँढ़ा जो अपने शिष्यों को जनेऊ पहनाता था। इस तरह की चालबाज़ी से इस आदमी ने अनेक शिष्य जुटा लिये थे।

गले में झूलते जनेऊ को देख सभी को विश्वास हो जाता है कि

धागा पहनने वाला ब्राह्मण है। इसीलिए जो लोग ओड़िशा से काम की खोज में कलकत्ता आते हैं, वे हावड़ा ब्रिज पर ही जनेऊ ख़रीदकर गले में डाल लेते हैं। जिस आदमी ने मुझे काम पर रखा था उसी का नाम मेघा दास था। वही मेघा जो पान चबाने के साथ-साथ खाने की बढ़िया चीज़ें भी चबा लेता था। वह इस गुरुजी का शिष्य बन बहुत लाभ उठा रहा था। अब उससे कोई नहीं पूछता था कि क्या वह ब्राह्मण है? सिर्फ़ एक बार किसी ने उससे पूछा था—"क्या तुम ब्राह्मण हो? तुम कब से ब्राह्मण हो गए? क्या गायत्री मंत्र भी जानते हो?" बोलकर वह व्यक्ति ख़ूब हँसा था। उसी मेघा दास ने मुझसे पूछा, "क्या नाम है तुम्हारा?" तो मैंने अपना नाम उसे बता दिया। इस पर उसने मुझसे कहा—"जब भी अपना नाम बताओ अपना आधा ही नाम बताओ, अपना टाइटल कुलनाम मत बताओ। अपना टाइटल कुछ भी मन से रख लो। सब समझेंगे कि तुम कायस्थ जाति के हो। तुम किसी की परवाह मत करना। तुम्हारा लक्ष्य वहाँ काम कर, पैसे कमा चल देना है। बाक़ी लोगों को जाति की माँ-बहन चो...दो।"

एक कहावत है—'किसी के लिए शस्योत्सव (धानकटनी), तो किसी के लिए, बाढ़!' जब सुना था तो इसका ठीक-ठीक अर्थ नहीं समझा था, अब समझता हूँ। अर्थात, हम सुनी हुई बातों का अर्थ सुनते ही नहीं समझते हैं, अर्थ बाद में धीरे-धीरे खुलते हैं। वक़्त हमें सब समझाता है, वही सबसे बड़ा उस्ताद होता है।

जिस विवाह-समारोह में हम उस दिन गए थे उस दिन वहाँ चार सौ अतिथि आमंत्रित थे। दिन शान्त था। लेकिन शाम के समय जब हमने खाना पका लिया और हमारा काम पूरा हुआ तभी ज़ोरों की आँधी व तूफान आ गया। खड़े पेड़ धराशायी हो गए और आसमान को चीरती हुई बिजली चमकने लगी। अब कोई भी गाड़ी-घोड़ा आ नहीं सकता था। घरों की बिजली कट गई और गहरा अँधियारा पसर गया।

कुछ घंटों बाद जब बारिश थमी तब सड़कें पानी से भर गई थीं। आसपास के ताल-तलैयों का पानी उपटकर सड़क पर जमा हो गया था। उन दिनों सड़कें भी इतनी ठीक नहीं थीं और नालियाँ ऊपर तक भरी रहती थीं। जिस इलाक़े में हम काम करने गए थे उसकी सड़कें ईंटों से बनी थीं जिसमें बड़े-बड़े गड्ढे थे। उस इलाक़े में सिर्फ़ रिक्शा चल सकता था। लेकिन अब, जब इतना पानी भर चुका था तो रिक्शावालों ने भी यहाँ आने से मना कर दिया। रिक्शावालों को डर था कि यदि रिक्शे का कोई पहिया गड्ढे में अटक गया तो पहिया टूट जाएगा। रिक्शा में चढ़ने वालों पर जो आफत आएगी सो अलग। अगर रिक्शा उलटने से वे गड्ढे में गिर गए और उनके कपड़े खराब हो गए तो फिर क्या होगा? और अगर उनके हाथ-पैर टूट गए और उन्हें अस्पताल जाने की नौबत आ गई तो और कितनी मुश्किल!

अब दूर रहने वाले रिश्तेदार कैसे आते? वैसे भी वह इलाक़ा शाम के बाद आपराधिक गतिविधियों के लिए कुख्यात था। शाम को वहाँ बदमाशों के अनेक गिरोह समूह सक्रिय हो जाते थे। गोलियाँ चलने की घटना वहाँ आम बात थी। फ़र्ज़ किया जाए कि यदि किसी करिश्मे के बाद रिश्तेदार विवाह-स्थल पर आ भी जाते तो उनके सुरक्षित वापस लौटने की गारंटी कौन लेता? अन्ततः चार सौ अतिथियों में से सिर्फ़ ढाई सौ अतिथि आ पाए। घर का मुखिया इतना सारा बचा हुआ भोजन देख परेशान हो गया—क्या होगा इतने खाने का? उस समय फ्रिज भी नहीं हुआ करते थे। मोहल्ले में कुछ दुकानें ज़रूर होती थीं जो स्टील के बक्सों में बर्फ़ रखती थीं, जिनमें कोका-कोला और सोडा रखा जाता था।

वैसे सोचा जाए तो फ्रिज के जितने फ़ायदे हैं उतने ही उसके नुक़सान भी हैं! याद आता है, एक बार हम दोनों कारीगर एक विवाह-समारोह में गए। हमें विवाह से पहले दो दिन और विवाह के बाद दो

दिन काम करना था। विवाह वाले दिन हमें खाना नहीं पकाना था, उस दिन हमसे बड़ा रसोइया खाना पकाने वाला था। हमें मामूली खाने बनाने थे। विवाह वाले दिन पहले का बचा हुआ खाना लाकर फ्रिज में रख दिया गया था। राधाबल्लभी, मटन, मछली, चटनी और तली हुई मछली! अगले दिनों में जब भी हमें खाना होता हम उसमें से कुछ निकालकर, गर्म कर खा लेते। घर के लोग अलबत्ता, चारपोना और महीन चावल खाते—वही ताज़ा खाना जो हम पका रहे थे। लेकिन जब हमारे खाने की बारी आती तो घर की मालकिन फ्रिज खोलती और हमें बासी, बचे हुए खाने में से कुछ दे देती। भद्र लोक सोचा करते थे कि घर पर जो भी रसोइया आता है वह चोरी करता ही है, चुपके से छिपा-छिपा कर खाता ही है, उस पर कैसे भरोसा किया जाए? ऐसा पूरी तरह ग़लत भी नहीं था। खाना एक ऐसी चीज़ है जो सबको आकर्षित करती है। हम रसोइये हैं तो इसका मतलब यह क़तई नहीं कि हम बढ़िया स्वादिष्ट खाना खाने का सपना नहीं देखते हैं। लेकिन यदि यह बात हम किसी मालिक से साफ़-साफ़ कहेंगे तो भी वह हमें खाने का प्रस्ताव नहीं देगा, इसीलिए रसोइयों से छोटी-मोटी चोरी हो जाती है...!

एक बार हम एक अन्य विवाह-समारोह में खाना पकाने गए। न जाने क्या हुआ कि मेरे साथ वाले ने असह्य भूख से पीड़ित हो या असीम लालच से कमज़ोर हो, दो मुट्ठी दूध-पाउडर एक बार में ही फाँक लिया, जल्दी-जल्दी। उस दिन बड़ी मुश्किल से वह बचा! मुँह इस तरह से भर जाने के कारण उसका दम घुटते-घुटते बचा।

मैं झूठ नहीं बोलूँगा—मैंने भी कभी-कभी खाना चुराया है! तली हुई मछलियाँ, घी, धपका भात, काजू, किशमिश, नारियल और भी बहुत कुछ। उस जगह जब हम उस दिन काम पर पहुँचे तो हमने पाया कि हमारे दोपहर के भोजन का कोई इन्तज़ाम नहीं किया गया था। हमने इसके बारे में पहले से बात नहीं की थी क्योंकि हमने सोचा

था कि उसका इन्तज़ाम तो हुआ ही होगा। लेकिन जब बातचीत होने लगी तब मालिक लोग कहने लगे—इस तरह से दुविधा पैदा करने में हमारा ही दोष था। अब हम क्या करते? मैं इस तर्क के सन्दर्भ में संस्कारों, मर्यादाओं और नीतिशास्त्रों के नियमों को सिरे से ख़ारिज करता हूँ। अपनी भूख मिटाने के लिए मैंने वही किया जो ज़रूरी था! यह क्या चोरी हुई?

उस तूफ़ानी रात के बाद अपना काम ख़त्म कर हमने अपने गमछे, मालिक के सामने फैला दिए और कहा, "अब हम नहीं खा पाएँगे। अब घर जाकर आराम करना चाहते हैं। खाना अब तभी गले के नीचे उतरेगा जब हम नहा-धो लेंगे। आप हमें केले के पत्ते में बाँधकर खाना दे दीजिए हम उसे लेकर घर चले जाएँगे।" उस आदमी ने दुखी होकर कहा, "मैं क्या दूँ तुम्हें? जो ले जाना है, जितना ले जाना है, तुम लोग ले जाओ। मैं अब इस खाने का क्या करूँगा?"

कहते हैं न—अपना हाथ जगन्नाथ—तो अब सारी ताक़त हमारे हाथों में आ गई। हमने अपने गमछों को भर लिया और घर ले गए। घर वाले उस दिन बहुत ख़ुश हुए थे। जब मेरे माता-पिता और भाई-बहन सोकर उठे थे और इतना सारा खाना देखा था तो वे ख़ुशी से उछल पड़े थे। लेकिन उनकी ख़ुशी देख मैं दुखी हुआ था, इसलिए नहीं कि बेचारे मालिक का कितना खाना बच गया था बल्कि इसलिए कि मेरा गमछा दूसरों के मुकाबले कितना छोटा था जिसकी वजह से मैं कम खाना ला पाया था।

एक बार और ऐसी दावत करने का मौक़ा आया था। उस बार मटन और पुलाव था खाने में। चूँकि मालिक मेरा जानने वाला था, अगले दिन लौटाने का वादा कर, मैंने उससे उसकी पीतल की बाल्टी घर ले जाने के लिए माँग ली थी और बाल्टी को बचे हुए खाने से ऊपर तक भर लिया था। मेरा यक़ीन है कि ख़ुशियाँ बाँटने से बढ़ती

हैं। इतना सारा खाना हमारे लिए बहुत था इसलिए मैंने अपने पड़ोस के ग़रीब लोगों को खाने पर बुला लिया। उनमें से एक लड़का जिसका नाम सुख था, जिसकी माँ को मैं खुरि माँ कहकर पुकारता था, ख़ूब सारा खाने लगा और बहुत निर्लिप्त भाव से कहने लगा, "हम इस तरह के खाने को जानते हैं, जिसने कभी भी घी नहीं खाया होगा पहले, वह इस खाने को पचा नहीं पाएगा।"

अगले दिन खुरि माँ लोटा लेकर बार-बार झाड़ियों में जाती दिखीं। वे मुझ पर गालियों की बौछार भी करती जा रही थीं। उनकी गलती नहीं थी—दोष तो उस खाने में था जो मैं लाया था!

हमारा देश साधु-महात्माओं का देश है। यहाँ की धरती पवित्र है। कुछ अधिक ही पवित्र! ईश्वर भी इसकी चुम्बकीय ताक़त से अछूता नहीं रह पाता है। इसलिए वह बार-बार अलग-अलग अवतारों में यहाँ जन्मने के लिए लौटता है। यह कितनी दिलचस्प बात है कि इस पृथ्वी पर दो सौ उन्नीस देश हैं लेकिन ईश्वर किसी और देश से इतना प्यार नहीं करता है। वह कहीं भी अपने अवतारी रूप में जन्म नहीं लेता है बस यहीं आता है बार-बार, कभी वराह बनकर, कभी कछुआ बनकर, कभी आधा मनुष्य आधा सिंह बनकर—अपने नरसिंह अवतार में, हमारे साथ रहने। इसका सीधा अर्थ यह हुआ कि हमारा देश पवित्रता से कूट-कूट कर भरा हुआ है। ईश्वर को अलबत्ता समझना चाहिए था कि इस देश की बहुसंख्यक जनता अनपढ़ और निरक्षर है। ईश्वर को अपने सन्देश ऐसी भाषा में देने चाहिए थे जो सात सौ करोड़ जनता तक पहुँचे। ऐसी भाषा—जिसे जरावा, मुड़िया और सन्थाल भी समझें। उसने ऐसा क्यों नहीं किया यह मेरी समझ से बाहर है।

ईश्वर के इन अवतारी देवताओं के अनुयायी भी ईश्वरीय सन्देशों को संस्कृत में प्रसारित करते हैं। वे कहते हैं—लालच को गले मत लगाओ, हरगिज़ मत पालो उसे, लालची मत बनो, याद रखो लालच

पाप है और पाप तुम्हें नरक की ओर ले जाता है! लेकिन साधारण मनुष्यों ने इस बात को न समझा है, न माना है। वे कहते हैं, "लालच मत करो, इसका क्या मतलब है? ये धर्मगुरु तो प्रणामी की विधि के लिए आम जन से मोटा पैसा हथिया लेते हैं। इस तरह पैसा लूट-लूटकर, अब तक तो ये करोड़पति हो गए होंगे! ये हमें लालच न करने का सन्देश कैसे दे सकते हैं? अगर ये अपने प्रवचनों की क़द्र करते हैं तो अपनी विलासिता को पहले त्यागें फिर इस तरह का प्रवचन दें!"

इसी विरोधाभास के चलते आम जन इन लोगों की बातें कम मानते हैं। मैं भी इनकी बात पर भरोसा नहीं करता। उन दिनों तो मैं भारी लालच से जलता रहता था इसीलिए रसोइये का काम जल्दी-जल्दी पकड़ने लगा था। छह महीनों के भीतर ही मैं अच्छा खाना पकाने लगा था और यदि मुझे एक-दो सहायक मिल जाते तो मैं दो-तीन सौ लोगों का खाना ख़ूब तसल्ली से ख़ूब बढ़िया बना लेता।

इस बीच हमें चौबीस परगना में एक काम की ख़बर मिली। अन्नप्राशन समारोह का सन्देश था। नवजात बच्चे को पहली बार अन्न खिलाने का उत्सव मनाया जाना था। लगभग तीन सौ अतिथियों को निमंत्रण था। चावल, बेगुनभाजा, मछली की मुंडी के साथ दाल, कटहल की रसेदार सब्ज़ी, रुई मछली का झोल, कौशामांग्शो, आम की चटनी और पापड़ खिलाए जाने थे।

इसी मालिक की एक लड़की की शादी जाधवपुर में हुई थी जिसके बहू-भात समारोह में हमारे साथी नरेश ठाकुर ने खाना पकाया था। उसकी पाककला से प्रसन्न हो मालिक ने तय किया था कि जब भी उन्हें पोता पैदा होगा, उसके अन्नप्राशन समारोह में वे उसी ठाकुर को कलकत्ते से बुलवाकर खाना बनवाएँगे। इसीलिए जब यह शुभ दिन आया तो उन्होंने नरेश ठाकुर को इस आयोजन के लिए तय कर लिया।

नरेश ठाकुर ने सोचने के बाद इस काम के लिए हामी भर दी

थी। उस वक़्त वह क्या जानता था कि इस अवसर से भी बड़ा एक अवसर उसी दिन कलकत्ता में ही उपस्थित हो जाएगा और वह भी कोई छोटा-मोटा अवसर नहीं होगा बल्कि महादेव साहा के साथ काम करने का बहुत बड़ा अवसर होगा। महादेव साहा, प्रसिद्ध महादेव डेकोरेटर्स के मुखिया थे। उनके साथ काम करने का अवसर कोई कैसे ठुकरा सकता था भला? वे वही महानुभाव थे जो साल भर हमें काम दिलवाते थे। उन्हीं की अपनी लड़की की शादी पड़ रही थी उस दिन। उन्होंने पहले से ही घोषणा कर दी, "तुम्हें विवाह-समारोह में भोजन पकाने की ज़िम्मेदारी लेनी होगी नरेश ठाकुर। मुझे परवाह नहीं है कि तुम्हें कितने और आयोजनों में जाने का न्योता होगा उस दिन। तुम ठीक से प्रबन्ध कर लो, दिन व्यवस्थित करो, तुम्हें ही मेरी लड़की के जीवन के इस विशेष दिन पर खाना पकाना होगा। यदि तुम पकाने से मना करते हो तो समझो हमारा व्यावसायिक रिश्ता समाप्त हुआ। इसके बाद से मुझसे उम्मीद मत करना कि मैं तुम्हें यहाँ या कहीं और काम दिलवाऊँगा।"

अब क्या किया जा सकता था? चौबीस परगना के सैकड़ों लोग नरेश ठाकुर के हाथ का खाना खाने को उत्सुक थे और इन्तज़ार में बैठे थे। घनघोर दुविधा पैदा हो गई। सब सोच में डूब गए। तब मेघा ने कहा, "मोना और दुखे को भेज दो, दोनों सँभाल लेंगे।"

"क्या तुम लोग सँभाल लोगे?" नरेश ठाकुर ने पूछा। इस समय तक मैं आत्मविश्वास की रौशनी से दीप्त होने लगा था। "मैं सँभाल लूँगा," मैंने कहा। नरेश ठाकुर ने इस पर कहा, "वहाँ पहुँचकर कह देना कि मैं अचानक अस्वस्थ हो गया हूँ इसीलिए नहीं उपस्थित हो पाया। करार की बची हुई राशि काम ख़त्म करने के बाद माँग लेना।"

इस निर्णय के बाद हमें शाम को चल देना था और पहुँचते ही मिट्टी के चूल्हों को तैयार कर लेना था। खाना कल सुबह से पकना

शुरू होता। उसके अगले दिन हमें लौट आना था। तीन दिनों की पगार के बारे में सोचकर ही मन बल्लियों उछलने लगा था। अन्य रोज़गारों के मुक़ाबले रसोई पकाना स्थायी ढंग का काम नहीं है। महीने-दो महीने में एक, दो या तीन बार ही इस क़िस्म का अवसर मिलता है। हमारी ख़ुशी का ठिकाना नहीं था। हमें तीन दिन के पैसे एकमुश्त मिलने वाले थे।

जब तक हम काम वाले पते पर पहुँचते, सूरज डूबने लगा था। चारों ओर केलों के बागान, सन और गेहूँ के खेत पसरे हुए थे। दूर से एक सर्पाकार रेलवे लाइन अकेली जाती हुई दिखलाई पड़ रही थी। समारोह वाले घर को सजाया जा रहा था। मुख्य द्वार के सामने बाँस की बल्लियाँ ज़मीन में गाड़ी जा रही थीं जिन्हें फूलों से अगले दिन सजाया जाना था। एक आदमी सूखी लकड़ी की एक मोटी सिल्ली को कुल्हाड़ी से छोटे-छोटे टुकड़ों में काट रहा था। उन लकड़ियों के टुकड़ों से चूल्हा जलाया जाना था जिस पर खाना पकता। यहाँ बिजली नहीं थी। एक अन्य आदमी पेट्रोमैक्स-लालटेनों को किरासन तेल से भर रहा था। जिससे वे देर तक जलें और रौशनी बनी रहे। वहीं आम के पेड़ के तले, विशाल आँगन में एक आरामकुर्सी पर, घर का महान मुखिया-महामहिम बारोकोर्ता बैठा हुआ था। उसने एक महीन धोती, लुंगी की तरह बाँधी हुई थी जो कहीं-कहीं सिकुड़ गई थी और कहीं-कहीं कड़क बनी हुई थी। उसका धड़ नंगा था। उसकी कमर पर एक सफ़ेद धागा चमकदार पवित्रता से झूल रहा था। ताड़ के पत्ते से बने एक पंखे से वह स्वयं को हवा कर रहा था। उसके सामने एक छोटी चटाई पर एक स्वस्थ, गोरे-चिट्टे बच्चे को लिटाया गया था। उसी बच्चे के अन्नप्राशन का उत्सव मनाया जा रहा था। उस बच्चे के हाथों, गला, कमर आदि अंगों में ऊपर से नीचे तक सोने के आभूषण पहनाए गए थे। ये बच्चे कितने सौभाग्यशाली होते हैं, जिस दिन से पैदा होते हैं उसी दिन से सोने के स्वामी हो जाते हैं! यह ऐसा अधिकार होता

है जिसे हम जैसे लोग दस पीढ़ियों तक भी अर्जित नहीं कर पाते हैं।

जैसे ही हम अपने सर-सामान के साथ उसके दरवाज़े के अन्दर प्रवेश करने लगे उसने टोका, "नरेश कहाँ है? वह यहाँ नहीं आया? क्यों?"

"उसकी तबीयत..." मैं हकलाने लगा। इसके पहले कि मैं अपनी बात पूरी करता वह गरजा, "उसकी तबीयत ख़राब है? वाह! आज ही के दिन उसकी तबीयत ख़राब हो गई, अचानक?—वाह! वाह, यही कहना चाहते हो न तुम?" फिर कुछ क्षण एक भूखे बाघ की तरह ग़ौर से देखते हुए उसने कहा, "अब बताओ तुम दोनों में से कौन पकाएगा? तुममें से कौन ठाकुर है?"

हरहराते-डगमगाते हुए मैंने अपनी दाईं उँगली दुखे की ओर इंगित की और उसी पल मालिक ने अपनी बाईं उँगली मेरी और इंगित कर कहा—"देखो इधर..." हमने उसकी उँगली की दिशा में उस आदमी को देखा जो सूखी मज़बूत लकड़ी की सिल्ली को ईंधन के लिए चीर रहा था—"मुझे कोई फ़र्क़ नहीं पड़ता, तुममें से कौन पकाने वाला है लेकिन यदि खाना ख़राब बना तो मैं उस लकड़ी की सिल्ली का चैला तुम्हारी पीठ पर तोड़ूँगा, यह भूलना मत।"

शाम रात में घुल गई और रात चुप और भारी हो गई। हम दोनों को नींद नहीं आ रही थी। हमें रात का भोजन दिया गया था लेकिन हम दोनों की स्थिति खाने की नहीं थी। हम दोनों भय से आधे हो रहे थे और दिया गया ताज़ा पाना माछेर झोल और चावल भी खा ही नहीं पा रहे थे। हमारे भीतर बैठा भय बुदबुदा रहा था—"यह भोजन कहीं तुम्हारे जीवन का अन्तिम भोजन न हो जाए।"

कल के लिए चूल्हे तैयार हो चुके थे। हम चूल्हों के नज़दीक ही सोये। वहाँ मच्छर भी नहीं लग रहे थे लेकिन फिर भी नींद हमसे कोसों दूर थी। मैं अपनी क़ाबिलियत जानता था। मैं खाना पकाने में

माहिर था और मुझे इतना विश्वास था कि लकड़ी का वह चैला मेरी पीठ पर नहीं टूटने वाला था। लेकिन दुखे मुझ पर सहजता से विश्वास नहीं कर पा रहा था लेकिन मैं तो मैं था। इस जानकारी के बावजूद कि कभी-कभी दुनिया के सबसे क़ाबिल रसोइये से भी ग़लती हो जाया करती है और वे बहुत ख़राब व्यंजन बना देते हैं। जिस दिन यह बुरा समय उतरता है उस दिन सैकड़ों बार कोशिश करने पर भी चीज़ें सही नहीं हो पाती हैं।

आधी रात को दुखे मेरे कान में फुसफुसाया, "एई मोना, सब सो चुके हैं, चलो अब हम लोग यहाँ से भाग चलें। अभी भाग चलेंगे तो सुबह की पहली ट्रेन पकड़ लेंगे, वरना हमारा क्या होगा तुम समझ लो। ऐसे लोग हमारे बनाए खाने को एक क्षण सराहेंगे और दूसरे ही क्षण थूक देंगे। ये लोग अच्छे लोग नहीं हैं। यदि हमसे ग़लती हुई तो ये हमें पीट-पीटकर ख़त्म कर देंगे!"

लेकिन मैं दुखे की तरह नहीं सोच रहा था। मैं सोच रहा था कि यदि हम भाग खड़े हुए तो मालिक लोगों का अत्यन्त बुरा हश्र होगा। आमंत्रित अतिथियों को खिला न पाने से उनका क्रोध बढ़ेगा, वे हमें जाधवपुर तक ढूँढ़ते चले आएँगे और वहाँ पकड़कर जब मारेंगे तब हमें पनाह नहीं मिलेगी। देखने वाली जनता भी हमें बचाने नहीं आएगी और मालिकों का ही समर्थन करेगी। और तो और, हम पर आपराधिक केस दर्ज होने की सम्भावना भी बन सकती है। मैंने दुखे को ये सारी बातें समझाईं और कहा, "हमें अपने भाग्य को अब स्वीकार कर लेना होगा, भागने से काम नहीं बनेगा। मुझ पर भरोसा रखो। खाना इतना भी बेकार नहीं बनेगा। तुमने हमारा बनाया खाना तो खाया ही है न? बताओ क्या वह इतना बुरा होता है? नहीं न? फिर इतना भय क्यों?"

इसके बाद दुखे उस दिन बहुत उम्दा सहायक सिद्ध हुआ था। मैंने भी खाना बढ़िया बनाया था। अतिथियों ने प्रत्येक चीज़ की

प्रशंसा की थी। प्रचलित परम्परा थी कि जब अतिथि खाने बैठते थे तो उनसे पूछा जाता था, "खाना कैसा है?" और वे उत्तर देते थे, "बहुत बढ़िया!"

लेकिन हर अच्छी चीज़ दूसरी अच्छी चीज़ों को जन्म नहीं देती। यह हमें तब समझ में आया जब अन्तिम अतिथि खाकर उठ रहा था, जो परिवार का दामाद था और साधारण व्यक्ति नहीं था। वह एक स्थानीय गुंडा था! उसके पास दो लारियाँ थीं। वह अपने प्रिय साले के साथ केले के बागान में बैठा, रसीली कलेजी का शोरबा खाते हुए शराब पी रहा था। जब वह खा-पी चुका तो उसने दुखे को देखा और पहचान लिया, "अरे...तुम्हें तो मैंनें अपने पारा में कुछ ही दिनों पहले देखा था। तुम तो एक नाले में जमा गन्दगी को साफ़ कर रहे थे। नरेश ने तुम्हें ठाकुर की तरह सजाकर यहाँ भेज दिया?"

यह सच था कि हम लोग रोज़ खाना बनाने का काम नहीं करते थे। विवाह और श्राद्ध का काम हमें रोज़ नहीं मिलता था। लेकिन भूख तो हर दिन सताती थी। हताश और मजबूर हो, हम जो काम मिलता था उसे ही हाथ में ले लेते थे। विशेष तौर से दुखे कुछ भी कर लेता था। वह गड्ढे खोदने का काम, राजमिस्त्री की सहायता और बन्द नालों-तालों की सफाई भी कर लेता था। शायद दामाद ने उसे काम करते देखा था और उसे दुखे का चेहरा याद रह गया था।

जब तक हम प्रतिक्रिया दे पाते, दामाद हमें केले के बागान के अँधेरे वाले हिस्से में ले गया और अपने साले की दृष्टि से दूर ले जाकर फिर पूछा, "कौन हो तुम लोग? तुम्हारा नाम क्या है? बताओ तुम्हारी जाति क्या है?" पूछताछ और डर ने हमारा रहस्य खोल दिया—"मैं नमोशूद्र हूँ और दुखे कावोड़ा है, एक पूर्वी बंगाल से दूसरा पश्चिमी बंगाल से।"

इस समाज में कुछ लोग होते हैं, जो दूसरों को भयाक्रान्त

करने और उन पर ज़ुल्म ढाने का मौक़ा ढूँढ़ते रहते हैं। उदाहरण के लिए—यदि राह चलते कोई पाकेटमार दिख जाता है जिसे लोग पीट रहे होते हैं तो ऐसे लोगों के हाथ भी खुजलाने लगते हैं और वे भी उक्त पाकेटमार पर दो हाथ जमा देते हैं। इसी तरह दूर से यदि कोई, किसी अनजान व्यक्ति को देखकर चिल्ला उठता है, "अपहरणकर्ता," तो वे सब उस अनजान को पूरे जोश से थुरने लगते हैं बिना इस बात की जाँच किए कि वह व्यक्ति सचमुच का अपहरणकर्ता है भी या नहीं! यह दामाद भी ऐसा ही था। उसने हम पर सितम करना शुरू कर दिया। पहले उसने ज़मीन पर हमारी नाक रगड़वाई, उसके थूके हुए को चाटने को कहा, फिर हमें उकड़ूँ बैठकर कान पकड़ने को कहा और हम पर थप्पड़ बरसाने लगा। एक घंटे बाद वह चिल्लाया, "अब भाग साला...भाग यहाँ से।"

कुछ लोगों के लिए यह सब खेल की तरह होता है। मनोरंजन का तरीक़ा लेकिन हमारे लिए यह अपमान था। घोर अपमान—मौत के बराबर अपमान।

सुबह लगभग हो चुकी थी। सूरज उगने से पहले हम लोग चुपके से चल दिए—बिना किसी को कुछ कहे, बिना अपनी पगार लिये। हम किसी को अपना चेहरा दिखाने के क़ाबिल नहीं बचे थे। दो बेचारे, मजबूर जानवरों की तरह हमने पलायन किया। रेलवे लाइन पर चलते हुए हमने अपने-आप को ख़ूब कोसा, अपनी इस बदज़ात ज़िन्दगी को लताड़ा। ऐसा नहीं था कि इस ज़िन्दगी को हमने चुना था, फिर इसमें हमारी क्या ग़लती थी? जातिगत विद्वेष से भरा यह समाज हमें कमतर इनसानों की तरह देखता था। जैसे हम चोर-उचक्के, उठाईगीर हों। कोई भी व्यक्ति हमारे साथ किसी भी प्रकार का ज़ोर-ज़बरदस्ती, अन्याय कर सकता था और उसे कोई दोषी नहीं ठहराता!

उसके बाद मैंने कभी रसोई का काम नहीं पकड़ा। कई बार

मुझे न्योता मिलता रहा—"आ जाओ, पिकनिक पर खाना बना दो।" लेकिन मैं 'हाँ' नहीं कर पाता था। मुर्शिदाबाद, सुन्दरवन, तला या दामोदर नदी का किनारा भी मुझे 'हाँ' बोलने के लिए तैयार नहीं कर पाया उन दिनों और यह भी तो है ही कि रियाज़ का अभाव इनसान के हुनर को भोथरा कर देता है। वही मेरे साथ हुआ। खाना बनाने का प्रस्ताव लगातार अस्वीकार कर देने से, मैं इस बात को भूल ही गया कि मैं भी कभी बढ़िया खाना बनाता था। बहुत सालों बाद फिर मुझे यह बात याद आई। बाईपास के पास मुकुन्दपुर में मूक-बधिर बच्चों के लिए एक स्कूल खुला जिसे सरकार द्वारा अभी मान्यता नहीं मिली थी लेकिन साठ-सत्तर बच्चे बंगाल के विभिन्न कोनों से आकर यहाँ रहने लगे थे। चूँकि वह एक रिहायशी स्कूल था इसीलिए बच्चों को स्कूल में ही रहना होता था। लेकिन उनके खाने की समस्या सुलझी नहीं थी। कहाँ से इन्तज़ाम हो? क्या किया जाए?

वह इलाक़ा बहुत निर्धन था। वहाँ रहने वाले ज़्यादातर लोग दिहाड़ी मज़दूर थे। उनमें से कइयों को खाना बनाना आता था लेकिन स्कूल में यह काम करने के लिए कोई तैयार नहीं हो रहा था। सबको संशय था—पता नहीं, इस काम के पैसे कभी मिलेंगे कि नहीं? पैसे का आश्वासन सरकारी मान्यता पर टिका हुआ था। एक और संशय इनके मन में भर रहा था—क्या पता सरकारी मान्यता मिलने पर अधिकारी हमें बर्खास्त कर दें और किसी और को नियुक्त कर लें। जो लोग लाखों ग़लत काम करते हैं वे लोग यह भी कर सकते हैं। सब गोरखधन्धा चलता है अधिकारियों के बीच।

उस वक़्त मैं बेरोज़गार था और अपनी पत्नी की तनख़्वाह पर गुज़र-बसर कर रहा था। वह आँगनबाड़ी योजना के अन्तर्गत आने वाले—छातुर स्कूल में शिक्षिका थी। मैंने बधिर-मूक बच्चों के स्कूल की नौकरी करना स्वीकार कर लिया। मैंने सोचा—अगर मुझे कभी

पगार मिली तो ठीक, अगर नहीं मिली तो भी खाने के लिए एक मुँह कम तो हो जाएगा। मेरी पत्नी पर कम दबाव रहेगा। बस, यही सब सोचा और स्कूल में लग गया।

रिहाइशी स्कूल में अच्छा खाना बनाने की सम्भावनाएँ कम थीं। जिस अच्छे खाने का मैं जानकार था उसमें कई महँगी और उम्दा चीज़ों का प्रयोग किया जाता था, बढ़िया कच्चा माल भी ज़रूरी था। यह सब इस इलाक़े में मिलना सम्भव नहीं था। यहाँ हमें कुछ पिचके सेम, सड़े आलू, कीड़े खाए बैगन, सिकुड़े पत्तों वाले साग, जुआई लौकी और सड़ी मछली ही मिलती थी। हम भारी मात्रा में बाज़ार से यही सब ख़रीदकर लाते थे और एक जगह पटक देते थे। फिर उनमें से खाने लायक चीज़ें छाँटकर पकाते थे। जैसे मैं बढ़िया खाना नहीं बनाने से भूल गया था, ठीक वैसे ही वहाँ के सभी लोग अच्छा खाना नहीं खाने से स्वादिष्ट खाने का स्वाद विस्मृत कर चुके थे।

एक दिन की घटना है, गोदाम में रखी दाल ख़त्म हो गई थी। उस दिन इतवार था सो बाज़ार भी बन्द था। अब क्या किया जाता? मैंने हॉस्टल के अधिकारी को कहा, "मुझे एक विधि आती है जिससे गीला भात दाल जैसा लगेगा।"

"अच्छा? तुम बना सकते हो तो बनाओ।"

मंज़ूरी मिलने के बाद मैंने प्याज़, लहसुन, हरी मिर्च, थोड़ा अदरक और कुछ टमाटर लिये और उन्हें तेल में छान लिया। उसमें फिर मैंने हल्दी, तेजपत्ता, नमक, थोड़ा चीनी और जीरे का तड़का लगा दिया और इन चीज़ों को पकते हुए भात में मिला दिया। उस दिन किसी ने दाल की कमी महसूस नहीं की। कुछ को तो यह नया व्यंजन लगा और वे उसे मज़े-मज़े में कटोरे से ही पी गए। सच कहूँ तो अपने इतने सालों के पकाने के अनुभव में यह मेरी सबसे बड़ी ईजाद और जीत थी। कुछ नखरा करने वाले लोग जो अपने कमरों में

ही रहते थे और मेस में सिर्फ़ खाने आते थे उन्होंने भी उस दिन कहा, “आज दाल बहुत स्वादिष्ट बनी है।” उस दिन मुझे ख़ुद ही अपने हाथों को चूमने का मन किया!

प्यारे पाठको! अभी तक आप मेरे अस्वादिष्ट लेखन से गुज़र रहे थे। लेकिन अब मैं आपको और नहीं रोकूँगा—बस आपसे मुर्ग़ा बनाने की एक विधि साझा करूँगा जिसे मैंने महाश्वेता देवी के लिए पकाया था और जिसे खाकर उन्होंने मेरी तारीफ़ों के पुल बाँध दिए थे।

सामग्री

बिना हड्डी का मुर्ग़ा एक किलो, खट्टा दही सौ ग्राम, शुद्ध घी सौ ग्राम, काजू सौ ग्राम, अदरक पचास ग्राम, लहसुन पचास ग्राम, पोस्त सौ ग्राम, रिफाइंड तेल तीन सौ पचास मिली लीटर, हरी मिर्च आठ से दस, तेजपत्ता, आधे नारियल का दरदरा पीसा हुआ गूदा, और इलायची दस ग्राम।

विधि

पहले मुर्ग़े को छोटे टुकड़ों में काट लें, जैसे सोया बड़ी होती है वैसे ही साइज़ में। अच्छी तरह धोने के बाद उसे थोड़े नमक, अदरक के रस, कुटे लहसुन और हरी मिर्च में लपेटकर आधे घंटे के लिए रख दें। इस बीच नारियल के गूदे को पानी में फुला लें और अदरक, लहसुन और पोस्त को पीस लें। कुछ हरी मिर्चों को बीच से काट लें।

कड़ाही में तेल गरम करें और मुर्ग़े के टुकड़ों को उसमें डाल दें। जैसे मछली भूनते हैं, वैसे ही उसे धीमी आँच पर भूनें।

अब थोड़ा घी रिफाइंड तेल में डाल दें। फिर अदरक-लहसुन का पेस्ट डालें और पोस्त का पेस्ट भी उसमें मिला दें। नारियल को पानी से निकालकर उसका दूध इस पेस्ट में मिलाएँ। अब दही डालें और इस मसाले में भुने हुए मुर्ग़े, तेजपत्ते, नमक और हरी मिर्चों को डाल दें। आँच धीमी कर लें। जब मुर्ग़ा पक जाए तो उसमें बचा हुआ घी, चीनी और इलाइची का पाउडर मिला दें। उसमें हल्दी बिलकुल न डालें। मुर्ग़े का रंग सफ़ेद ही रखें—प्लीज़। जब पूरी तरह से मुर्ग़ा पक जाए तो आँच बन्द कर थोड़ी देर बर्तन को चूल्हे पर ही छोड़ दें।

उसके बाद आप इसे चावल, रोटी या जिससे भी रुचे उससे खाएँ। अगर आपको यह व्यंजन पसन्द आए तो मुझे ज़रूर बताएँ—आख़िरकार यह मेरी ईजाद की हुई विधि से बना व्यंजन है—और यदि आपको यह पसन्द न आए तो समझ लीजिए दोष आपकी पाककला में है, इसमें मेरा दोष क़तई नहीं है।

अनुवाद : वन्दना राग

चित्र : अमृता सेन

मुझे खाने के क़िस्से याद हैं, व्यंजन बनाने की विधियाँ नहीं

लीला सैमसन

अब जब मैं 70 बरस की हो गई हूँ, तब जाकर मैं खाने का आदर करने लगी हूँ। अब मैं समझ चुकी हूँ कि खाना सिर्फ़ खाकर निपटाने की चीज़ नहीं है बल्कि उसे खाने के विविध तरीक़े होते हैं और उसकी मात्रा तथा गुणवत्ता का सही होना निहायत ज़रूरी है। मैं यह भी समझ चुकी हूँ कि जो खाना मैंने खाया है, वह कितनी देर तक नहीं पचेगा, इसे खाने के बाद मैं कितनी सन्तुष्ट और सुखी रहूँगी और कितनी देर तक सम्भावित अपच की शिकार और दुखी भी। दूसरे शब्दों में इसे यूँ भी कहा जा सकता है कि मुझे अब यह पता चल जाता है कि मैं अमुक खाने को खाते वक़्त समझदार और लीक पर चलने वाली बनी रही हूँ या हड़बड़ी में अविवेकी और अतिवादी हो गई हूँ। दरअसल ऐसा लगता है जैसे मेरा शरीर आजकल खाने से भरे पलड़ों के सन्तुलन पर टिका है। बस एक चम्मच अधिक आइसक्रीम खा लूँ तो सन्तुलन बिगड़ जाता है और भारी गड़बड़ हो जाती है।

जीवन की स्मृतियों में पीछे लौटकर जाती हूँ तो बचपन कौंध जाता है और याद आता है—कैसे बचपन में हमें परोसा हुआ खाना पूरा ख़त्म करना होता था और कैसे यह बात पवित्र नियम की तरह हमारे घर में लागू हुआ करती थी। हम उस नियम को कभी भंग नहीं कर सकते थे।

हमारा परिवार सेना से ताल्लुक रखता था। मेरे पिता उन दिनों राष्ट्रीय रक्षा अकादमी, खड़कवासला में बतौर कमांडेंट नियुक्त थे। एक दोपहर वे घर आए और मुझे खाने की प्लेट में पड़ी भिंडी की सब्ज़ी को देर तक ताकते हुए देख लिया। माँ ने उन्हें बताया कि मैं उस भिंडी को खाने का इरादा नहीं रखती हूँ। यह सुन पिता अपनी प्लेट के आगे बैठ गए और खाते-खाते तमाम तरह के क़िस्से बाँचने लगे। जब वे अपना खाना ख़त्म कर चुके तो अपने हाथ धोकर वापस मेरी ओर लौटे और मेरे नज़दीक बैठ गए। उन्होंने कहा, "कोई बात नहीं। तुम आराम से खाओ। जब तक तुम खा नहीं लेती मैं तुम्हारे पास बैठूँगा। तुम चाहो तो हम गप्पें भी लड़ा सकते हैं।"

यह अजीब था! कहाँ तो मैं उनसे सहानुभूति की उम्मीद लगाए बैठी थी और कहाँ वे! इस बीच माँ वहाँ से जा चुकी थी। कौशल्या, जो दुनिया की सबसे दयालु धाय माँ थी और प्यार से मेरा हिस्सा ख़त्म कर सकती थी, वह भी खाने के कमरे से जा चुकी थी। यह सब देख मुझे रोना आने लगा। पिता इस पर हँसने लगे थे। मैं बेहद हठी थी और पिता बेहद उदार और तरल संवेदनाओं से भरे हुए; लेकिन इसके बावजूद वे मेरे पास से उठकर नहीं जा रहे थे। उनकी गाड़ी का ड्राइवर इन्तज़ार कर रहा था लेकिन उन्होंने उसे भी कह दिया था, "लीला भिंडी खा लेगी फिर हम चलेंगे।"

मुझे खराब लगा। लगा, अब तो पूरे रक्षा अकादमी-परिसर में यह बात फैल जाएगी कि लीला ने सब्ज़ी नहीं ख़त्म की। इस ख़याल के आते ही मैंने फटाफट भिंडी खा ली। मज़े की बात है, उसे खाना इतना मुश्किल भी नहीं लगा। कुल चार टुकड़े ही रहे होंगे। सच तो यह है कि पिता ने मुझे ग़रीबों के हालात, देश के प्रति ज़िम्मेवारी या ज़िन्दगी में नैतिकता का महत्त्व जैसे विषयों पर कोई भाषण नहीं दिया, सिर्फ़ अत्यन्त सहृदयता से खाना खाने की ज़िम्मेदारी और खाने के महत्त्व

के बारे में ज़रूरी बातें समझा दीं और इस सीख को ज़िन्दगी भर के लिए मैंने अपने ज़ेहन में उतार लिया। पिता ने उसके बाद कई लोगों से मेरी प्रशंसा की और कहा, "कितना शानदार काम किया उसने!"

हमारे घर का खाना कई पीढ़ियों के सुखद प्रभावों का सम्मिलन था। मेरे नाना रेल विभाग में काम करते थे। वे बहुत दिनों तक पश्चिम बंगाल के वर्धमान ज़िले में स्थित, आसनसोल शहर में पदस्थ थे। मेरी नानी घर पर रहकर अपने छह बच्चों की देखभाल तो करती ही थीं, हर उस रिश्तेदार और आने-जाने वाले की भी देखभाल करती थीं जो उनके यहाँ निरन्तर आते रहते थे। वे बंगाली और एंग्लो इंडियन, दोनों प्रकार के खाने बनाया करती थीं। यह उस भौगोलिक क्षेत्र और रेलवे संस्कृति का मिला-जुला प्रभाव था। सूप और बेक्ड व्यंजनों के साथ-साथ मटन कोरमा, विंडालू और मछली मोइली बनती थी जिसे चावल के साथ खाया जाता था और सूप, कटलेट और स्टू को पावरोटी के साथ। मेरी नानी शानदार बेकिंग करती थीं। वे क्रिश्चियन थीं इसीलिए ईस्टर और क्रिसमस पर्वों पर पूरे परिवार को त्योहार मनाने के लिए खाना पकाने, मदद करने और व्यंजनों को चखने का मौक़ा मिल जाया करता था। हम आतुर रहते थे कि बड़ा दिन कैसे जल्दी से जल्दी आ जाए। क्रिसमस केक बनाने के लिए काजू, किशमिश, सन्तरे के सूखे छिलके और तरह-तरह के मेवे कलकत्ता, बम्बई और दिल्ली की ख़ास दुकानों से आया करते थे। टिन के डिब्बों में कुल भर दिए जाते थे। वे मीठे, नमकीन हुआ करते थे। तरह-तरह की मिठाइयों, टार्ट, कैंडी और फलों की शक्लों वाले रंगीन मार्ज़ीपान की बहार आ जाती थी। मेरी माँ और उसके भाई-बहन अपनी माँ के रसोईघर में खिंचे चले जाते थे और वहीं जब एक बार उन्होंने अपनी माँ को मुँह में कुछ चबाते हुए पाया था तो जिज्ञासापूर्वक पूछा था—"तुम क्या खा रही हो माँ?" इस सवाल से थोड़ा चिढ़कर उनकी माँ ने अपना मुँह पूरा खोल

दिया था उन्हें दिखलाने के लिए, "चावल का एक सूखा दाना, बस!"

मेरी माँ की शादी 1946 में, सेना से जुड़े परिवार में हुई थी। जल्द ही माँ ने घर की खाने की मेज़ को कम पैसों में कुशलता से समृद्ध बनाना शुरू कर दिया। मेरे पिता नौसेना में लेफ्टिनेंट थे। वे दिल्ली में रहते थे। उन दिनों सेना-परिसर में रहने वाली पत्नियाँ व्यंजनों की विधियाँ, गोपनीय पारिवारिक रहस्य, और पतियों की सीमित तनख़्वाह के बावजूद बेहतर साज-सज्जा और फ़ैशन के हुनर आपस में ख़ूब साझा किया करती थीं। भारत की आज़ादी के बाद नौसेना का क़द बढ़ने लगा था और पत्नियों के पतियों की भी तरक़्क़ी होने लगी थी। इससे पत्नियाँ भी और गुण-सम्पन्न नज़र आने लगी थीं। मेरी माँ सादा थी लेकिन वह अपने घर को गर्मजोशी से चलाया करती थी और बढ़िया खाने का इन्तज़ाम रखती थी। युद्ध के बाद मेरे पिता का तबादला लन्दन हो गया और माँ भी उनके साथ रहने वहीं चली गई। उस वक़्त वह सिर्फ़ 20 बरस की थी, वहाँ जाकर वह स्वयंसेवक बन गई। वहाँ उसने ऐसे-ऐसे ख़ौफ़नाक मंज़र देखे, जैसे उस दौर के अनेक युवाओं ने अपनी-अपनी जगह रहते हुए देखे—चाहे वे इंग्लैंड में रहा करते थे, या पंजाब—भारत में या फिर पाकिस्तान—में। चारों ओर खाने-पीने रसद की बेहद कमी थी जिसकी वजह से सभी को त्याग करना पड़ता था और मर्यादा का उदाहरण पेश करना पड़ता था।

जब कुछ बरसों बाद माँ भारत लौटी तब पिता की महाराष्ट्रीयन जड़ों को ठीक से समझने लगी। तभी उसने अपने पति की माँ के हाथ के स्वादिष्ट खाने के रस को भी समझा। मेरी दादी के खाने रोज़मर्रा के खालिस महाराष्ट्रीयन और कुछ यहूदी-भारतीय मिश्रित खानों की परम्परा से उपजे थे जिन्हें विशेष दिनों में खाना शुभ माना जाता था। यह सब देख-समझ कर माँ को लग गया कि उसे नए सिरे से सब सीखने की ज़रूरत है। उसकी सबसे छोटी ननद (जिसकी

शादी भी नौसेना से जुड़े एक परिवार में हुई थी) ने मेरी माँ की अपनी माँ के दिल तक जाने वाले रास्ते से मुलाक़ात करवाई और उसके बेने—इस्राइली-महाराष्ट्रीयन घर के बारे में तफ़सील से बताया। सारे बच्चे और नाती-पोते उसे मामा के नाम से ही पुकारा करते थे। मामा, दूसरी महाराष्ट्रीयन औरतों के तरीक़े से ही खाना पकाया करती थी। वह फ़र्श पर डली नीची चौकी पर बैठ जाती थी और सामने रखी नीची अँगीठियों पर खाना पकाती थी। एक दिन की बात याद आती है—उसके रसोईघर से उठती पुलाव और रसेदार हरे मसाले पोमफ्रेट की ख़ुशबू कैसे मेरी नसों में उतरती चली गई थी! उस दिन साथ में उसकी मदद के लिए उसकी भरोसेमन्द बाई (सहायिका) बैठी थी। मामा अपने हाथों से बड़ी-बड़ी पतली रोटियाँ बना रही थी और बाई घरेलू आइसक्रीम मशीन की बाल्टी में ढेर सारी आइसक्रीम फेंट रही थी जिससे हम सभी इकट्ठा हुए 25 भाई-बहनों को भरपूर मात्रा में स्वादिष्ट आइसक्रीम खाने को मिल सके।

इसी तरह याद आता है बचपन में, अपनी माँ के साथ क्रॉफोर्ड मार्केट जाकर अचार और मीठी चटनी बनाने के लिए कच्चे आम की ख़रीदारी करना—मेरे लिए कितना मज़ेदार भ्रमण हुआ करता था! बाज़ार में मेरी माँ, आम बेचने वालों से देर तक बतियाती थी।

जब 1958 में हम खड़कवासला चले आए तो हमने पहली बार 'चूसा' का मज़ा उठाया। 'चूसा' छोटे चूसने वाले आम थे, जिनके अन्दर भर पेट रस और रेशेदार गूदा होता था। माँ आमों की आमद के बाद हमारे कपड़े उतरवा देती थी और सिर्फ़ चड्डी पहनकर हम बच्चे, अपने पुराने बाथ टब में भरे हुए आमों को धूप में बैठकर, मन भर चूसा करते थे।

आप देख सकते हैं मुझे खाने के क़िस्से याद हैं, व्यंजन बनाने की विधियाँ नहीं!

जब मैं दस बरस की हुई तो चेन्नई के बाहरी इलाक़े में एक आश्रम जैसी जगह पर रहने लगी थी। मैं पाँच बजे सुबह उठती थी, ठंडे पानी से नहाती थी, पावाड़ई-सट्टाई पहनती थी, छह बजे भारत-समाज के नियम दुहराती थी और जो सबसे अच्छी बात थी—मैं सुबह के नाश्ते में पोंगल, इडली, सांबर और चटनी खाती थी। मैं पॉरिज

और टोस्ट खाना भूल ही गई थी। ख़ूब सारा शाकाहारी खाना खाने के बाद और हर धर्म की प्रार्थनाएँ दुहराने के बाद मैं जल्द ही लम्बी और ताक़तवर हो गई। अपनी प्रेरणास्रोत डॉक्टर पद्मासिनी की तर्ज़ पर मैं ज़ोर-ज़ोर से जोशीली आवाज़ में भजन गाया करती थी और परिसर में लगे इमली के पेड़ों पर तड़-तड़ चढ़ जाया करती थी। आख़िर इस तरह के मज़े करना सिर्फ़ लड़कों का पैदाइशी हक़ क्यों होना चाहिए? इसके अलावा ख़ाली बचे वक़्त में, मैं भरतनाट्यम सीखा करती थी और स्कूल में पढ़ने भी जाया करती थी।

इसके सात बरस बाद और फिर सात बरस बाद जब मैं लौटी तो उसी स्वादिष्ट दक्षिण भारतीय व्यंजन को खाकर ख़ूब तन्दुरुस्त और ख़ुश रहती थी। बस फलों की कमी महसूस होती थी। लेकिन इस ख़ुशी के साथ ही मैं उन दिनों अजीब-सी दुविधा में रहने लगी थी—अपने सम्भ्रान्त सहोदर भाई-बहनों और अभिजात लोगों की तरह खाऊँ और पहनूँ या जहाँ हूँ वहीं पर मिलने वाली जीवन-पद्धति को ख़ुशी से भरपूर जियूँ? शाकाहारी बनूँ या मांसाहारी, इसकी भी भारी कशमकश थी। यह कशमकश जीवन में बरसों चली और इसकी वजह से ऐसा होता था कि मैं लम्बे अरसे तक शाकाहारी बनी रहती थी फिर एकाएक मांसाहारी हो जाती थी। मेरी पैदाइश ज़िद्दी नक्षत्र से प्रभावित थी, लिहाज़ा मैं मांस अपनी मर्ज़ी से छोड़ना चाहती थी, सिर्फ़ इसलिए नहीं कि यह मेरे गुरु का आदेश था। आपको अन्दाज़ा लग रहा है न, मेरे प्रशस्त अहं का अब?

मैं जब नवसंस्कारित हो, पोरियाल, सांबर, रसम, कुज़हाम्बू और पायसम की दुनिया के मज़े में जी रही थी तब किसी ने भी मुझे सावधान नहीं किया था कि मैं कितने स्टार्च उर्फ़ चावल के माँड़ को भी अपने अन्दर भर रही हूँ। इन स्वादिष्ट व्यंजनों के संग हमेशा भात तो खाना ही होता था न!

लेकिन अब तक मैं, पूरी तरह से पूजा-श्लोक-संकल्प और सम्प्रदाय की सुसंस्कृत दक्षिण भारतीय जीवन-पद्धति में रच-बस गई थी। चन्द्रमा के घटने-बढ़ने की गणना पर आधारित साल भर होने वाले पर्वों और शुभ दिनों के पीछे के तर्कों में यक़ीन रखने लगी थी। हर शुक्रवार को मरूनदीश्वरा मन्दिर पर होने वाले भजन कार्यक्रम, यात्राएँ और तमिलनाडु के मन्दिरों की परिक्रमा मुझे ज़रूरी लगने लगी थी। ये सारे क्रियाकलाप कहीं-न-कहीं मेरे अन्दर की नृत्यांगना को सिरजते-पोसते थे।

लेकिन अब लगता है कि सब कुछ बताने के क्रम में, बेहतर होता कि हमें यह भी बतलाया जाता कि एक नृत्यांगना को अपनी शुद्ध खुराक में से किन-किन चीज़ों को घटा अथवा हटा देना है। मसलन सफ़ेद चावल, सफ़ेद मैदा, सफ़ेद चीनी और सफ़ेद नमक सब कम-से-कम खाना चाहिए, इसकी जानकारी होनी चाहिए थी। बरसों बाद मैंने अपने खानपान में ख़ुद ही तब्दीली कर ली और चावल के बदले—सेवइयाँ, दलिया, सूजी, पोहा, मोटा अनाज, चोकरयुक्त आटा, मल्टी ग्रेन ब्रेड और स्वादिष्ट साउरडॉ खाने लगी। नृत्य करने वाले कलाकारों को अपनी परम्परा अनुसार अपने खाने-पीने में पुष्ट बदलाव करने चाहिए। इसके लिए हमें कुछ पीढ़ियाँ पीछे लौटकर जाना होगा, अपने नए अर्जित स्टेटस से कुछ क़दम नीचे उतरना होगा और पौष्टिक खाने की सम्पूर्ण चीज़ें और विधियाँ किसी रहस्य को उद्घाटन के समान रोशन ढंग से दिखलाई पड़ने लगेंगी; जैसे एक अधपकी सब्ज़ी या फल के गुणों से भरा व्यंजन जो कच्चे सलाद के बदले खाया जा सकता है, जिसमें सुविधा और मन मुताबिक़ हम अंकुरित अनाज, या सूखे मेवे-फल डालकर या दही में फेंटकर खा सकते हैं। इन प्राकृतिक, आसानी से उपलब्ध चीज़ों के अलावा हम सुविधानुसार आज के प्रचलित फ़ैशनेबल महँगे अनाज, जैसे—किनोआ भी खा

सकते हैं और अपने खाने को सुरुचिपूर्ण और पौष्टिक बना सकते हैं।

मेरे बचपन का सपना डॉक्टरी पढ़ा था। मैं सर्जन बनाना चाहती थी। लेकिन उस दौर की शिक्षा-व्यवस्था की वजह से नहीं बन पाई। जीव-विज्ञान विषय हमें पढ़ाया ही नहीं जाता था। लिहाज़ा अब मुझे

नृत्यांगना ही बनना था और 16 बरस की उम्र में कलाक्षेत्र छोड़कर जाना था। मैंने तभी यह सच जाना था कि इनसान के शरीर की फिटनेस सिर्फ़ स्वस्थ आनुवंशिकी या खेलों के प्रति नैसर्गिक खिंचाव के भरोसे नहीं छोड़ी जा सकती है। उसके लिए तो बरसों-बरस समर्पित प्रयास करने होते हैं। सुडौल शरीर मुफ़्त में हासिल नहीं होता है! इसे पाने के लिए या तो भारतीय परम्परा के अद्भुत व्यंजन त्याग दें या फिर जम कर कसरत करें। पहला विकल्प मुझ पर लागू नहीं किया जा सकता क्योंकि मैं वृषभ राशि से हूँ और खाने से बेइन्तहा प्यार करती हूँ।

नौ बरस की उम्र से मैं रेलयात्रा कर रही हूँ। माँ-पिताजी बम्बई में रहते थे और मैं मद्रास में, जहाँ मेरा स्कूल था। उसके बाद मैं नृत्य के प्रदर्शनों के लिए भी उन जगहों पर जाने लगी जहाँ बहुत कम पैसे मिलते थे। उन दिनों रिकॉर्डिंग का आज की तरह कोई विकल्प भी नहीं था। मैंने इस देश के अनेक रेलवे प्लेटफ़ॉर्म इस तरह देखे हैं और हर प्रदेश के ख़ास व्यंजनों का यूँ ही आनन्द उठाया है। पूरी-आलू लखनऊ स्टेशन पर पत्ते के दोनों में, अंगूरी और केसर पेठा आगरा स्टेशन पर, कुल्हड़ों में चाय तो हर स्टेशन पर मिलती थी। ख़ासतौर से सर्दी के बेहद ठंडे दिनों में जब हम पाँच बजे भोर में भोपाल, मध्य प्रदेश पहुँचते थे तो यह चाय बहुत प्यारी लगती थी। पालघाट स्टेशन, केरल पर भी इसी तरह के स्वादिष्ट व्यंजन हमारा स्वागत करते थे। सबसे मज़े की बात यह थी कि दक्षिण पहुँचो तो गरमागरम इडली और दोसा मिलता था और उत्तर के प्लेटफ़ॉर्मों पर भरवाँ पराँठा और उम्दा दही। सर्दियों के उन दिनों की निस्तब्धता, कम्पार्टमेंट में सभी सोये हुए सहयात्रियों की चुप्पी आज भी मुझे बहुत याद आती है।

जब 1975 में मैं दिल्ली में बसने आ गई तो पहले-पहल मैं सुजान सिंह पार्क वाले इलाक़े में बतौर पेइंग गेस्ट रहती थी और मुझे खाना खाने बाहर जाना होता था। यह सब समझौते आपको अपनी

ज़िद और आज़ाद-आत्मनिर्भर तबीयत की वजह से करने पड़ते हैं। मुझे खाने को लेकर यह समझौता सुहाता नहीं था फिर भी करना पड़ा था। जैसे ही मुझे कमानी ऑडिटोरियम के नज़दीक स्थित भारतीय कला केन्द्र में रहने की जगह मिली, मैंने सबसे पहले जाकर अपनी रसोई

के लिए बर्तन ख़रीदे और भूषण लखन्दरी, जिसकी रसोई मेरी खिड़की के सामने खुलती थी—उसी से खाना बनाने की शिक्षा लेने लगी। वह ज़ोर से चिल्लाता था—"अच्छा दीदी, तेल में अब जीरा डालिए, फिर चावल, दाल और सब्ज़ियाँ—जो भी हैं, पानी डालिए, प्रेशर कुकर बन्द कीजिए। खोल के बस घी डालके खाइए। मज़ा आ जाएगा।"

अन्तत: यह मेरा घर बन गया था! यहाँ जो भी मैं बनाती थी वह अपने अशिक्षित हाथों से बनाती थी। त्रिनिदाद, रीयूनियन, ढाका, चीन और दूर-दराज़ से आए छात्र मेरे खाने को कैंटीन के राजमा-चावल से बेहतर मानते थे। वह तो बाद में समझ में आया कि तारीफ़ यूँ ही हो जाया करती थी उसका वास्तविकता से ज़्यादा लेना-देना नहीं था।

उन दिनों मेरे बेहद अच्छे दोस्त हुआ करते थे, जो उतना ही अच्छा खाना भी पकाते थे। कमला और मीतू, विद्यालया, अदिति और जय, माला और जुगनू, सुन्दरमस, पूर्णिमा और माधवी एवं विनय। ढेर सारी गप्पों के साथ हम अद्भुत स्वादभरे व्यंजनों का कितना आनन्द उठाते थे क्या कहूँ! युवा एवं बड़ी उम्र के सभी लोग एक साथ हँसते-हँसाते हुए खाने का लुत्फ़ उठाते थे। इतने ख़ुशनुमा दिन फिर नहीं लौटे! और तो और, आपातकाल के मुश्किल दिनों की गम्भीर चर्चाएँ भी उन दिनों हम इतनी ही शिद्दत से किया करते थे। गोल-डाकख़ाना के पास वाले गुरुद्वारे में भी हम अपने सिख-बन्धुओं के साथ मत्था टेकने जाते थे और बाद में स्वादिष्ट प्रसाद खाते थे।

जो भी कलाकार, संगीतकार, संगतराश, चित्रकार, नर्तक भारतीय कला केन्द्र, त्रिवेणी कला संगम, कथक केन्द्र और राष्ट्रीय नाट्य संस्थान से पढ़कर निकलते थे और मंडी हाउस के इर्द-गिर्द रहा करते थे, वे वहाँ मिलने वाले पान, रम और ड्रग्स से परिचित तो थे ही, इसके साथ ही वे बंगाली मार्केट की चाट के भी उतने ही बड़े रसिया हुआ करते थे। मैं वहाँ 30 साल रही और इस बीच कट्टर

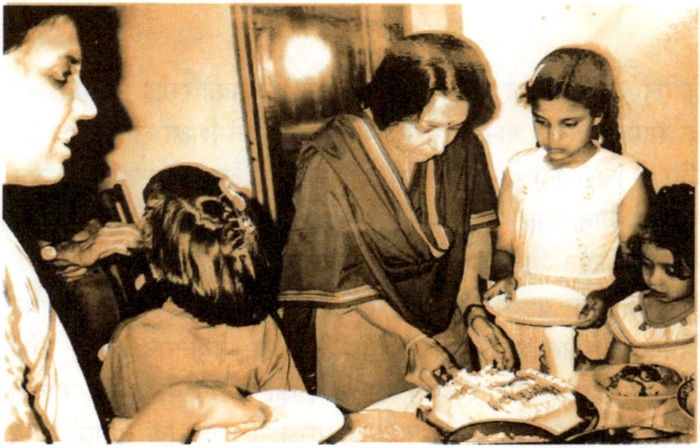

चाटिया बन चुकी थी—गोलगप्पे, दही-पापड़ी, छोले-भटूरे, कचौरी, टिक्की और लस्सी शाम की मेरी नियमित ख़ुराक थे। वैसे अगर ऐसी चीज़ें आसानी से हासिल हों तो कौन खाना पकाने की ज़हमत उठाए?

अब आज की बात—यात्राएँ कलाकार की अनुशासित दिनचर्या में आज कैसे घुसपैठ करती हैं और उन्हें असन्तुलित बना देती हैं यह सोचनीय हो गया है। दरअसल होटल का खाना हमारे लिए अच्छा नहीं होता। मैं नहीं जानती क्यों, लेकिन वह अच्छा नहीं होता है। इससे कोई फ़र्क़ नहीं पड़ता है कि आप बहुत पैसे कमाने वाले सितारे हैं या कम पैसे कमाने वाले युवा नर्तक; आप भीड़भरी सड़क के होटल के एक कमरे में ठहर रहे हैं या पाँच सितारा होटल के भव्य कमरे में—कहीं का भी खाना घर के दाल-चावल का मुक़ाबला नहीं कर सकता है। जैसे-जैसे आपकी उम्र बढ़ती जाती है इस तरह का रुकना और मुश्किल होता जाता है। देश से बाहर के दौरों में भी ऐसी ही मुश्किल आती है। आपके मेज़बान को सहूलियत होती है तो वह—सांबर-सादम, पुलियाँ-सादम, थाईर सादम और चिप्स तैयार कर परोस देता है और सब्ज़ी कहीं नज़र ही नहीं आती है।

जहाँ तक मेरी बात है मैं अपने नृत्य-प्रदर्शन से पहले सादा खाना, खाना चाहती हूँ जिसमें कम तेल और मिर्च हो। कार्यक्रम ख़त्म होने के बाद मैं सूप लेती हूँ। इसके अलावा मुझसे कुछ खाया नहीं जाता है। कार्यक्रम के बाद वैसे भी मैं अनेक तरह के भावों से भरी हुई होती हूँ, खाने की गुंजाइश उसमें कहाँ से हो? गांधी जी ने कहा है—हर इनसान को जीवित रहने के लिए मुट्ठी भर अन्न चाहिए। यदि हम अपने शरीर की भाषा समझेंगे तो समझ पाएँगे—"इतना खाना काफ़ी है। ये चीज़ें तुम्हें तंग करती हैं, हाजमा बिगाड़ देती हैं। ये चीज़ें तुम्हें स्वस्थ और ख़ुश रखती हैं। इतनी मात्रा में खाना तुम्हारे लिए काफ़ी है। बाक़ी अति भोग है, शुद्ध विलासिता!"

अनुवाद : वन्दना राग

चित्र : आरती गणेशन, लीला सैमसन

पांडुलिपियों और बन्दूक़ों की डगर पर रोहू मछली और जलेबी

आशुतोष भारद्वाज

एक बार एक विद्यार्थी गुरुकुल में पढ़ने जाता है। गुरु अपनी पत्नी को निर्देश देते हैं कि उसे सिर्फ़ चावल और अरंडी का तेल दिया जाए। विद्यार्थी इसे गुरु का आदेश मान भक्त-भाव से ग्रहण करता है। कभी शिकायत नहीं करता, कड़वे स्वाद पर उसका ध्यान नहीं जाता। कई बरस बाद जब वह थोड़ी अनिच्छा ज़ाहिर करता है, गुरु कहते हैं—तुम्हारी शिक्षा पूर्ण हुई। तुम अब बाहरी दुनिया में क़दम रख सकते हो।

इस कथा का उल्लेख ए.के. रामानुजन ने हिन्दू समाज की खाद्य-रीतियों पर अपने निबन्ध में किया है। हिन्दू मान्यताओं का अभिन्न अंग प्रतीत होती यह कथा आग्रह करती है कि ब्रह्मचर्य के दौरान स्वाद-इन्द्रियों का शमन आवश्यक है। जरा-सी ढील तमाम इच्छाएँ जगा सकती है, आपको ज्ञान के मार्ग से दूर ले जा सकती है। यह प्रस्तावना कि सादा भोजन अस्तित्व की किसी ऊँची अवस्था पर पहुँचने के लिए अनिवार्य है, उन मिथकों में है जिन्हें तमाम भारतीय अपनी सभ्यता का गुण मानते हैं, जबकि सच्चाई थोड़ी भिन्न है। देश के एक हिस्से में वर्जित भोजन दूसरी जगह बड़े प्रेम से परोसा और खाया जाता है। ऐसे भी गुरुकुल हैं, जिनकी रसोई महकती रहती है।

मैं एक बार असम का विधानसभा चुनाव कवर करने गया था। कई रास्ते बदलते हुए ब्रह्मपुत्र पार कर मैं माजुली पहुँचा, नदी का महान द्वीप जहाँ वैष्णव सम्प्रदाय के कई मध्ययुगीन गुरुकुल और मठ स्थित थे। भिक्षु यहाँ निर्गुण की उपासना करते थे, पुराने ग्रन्थों की नई पांडुलिपियाँ लिखते थे। उन्हें मछली भी बहुत पसन्द थी, जो मथुरा और वृन्दावन जैसे देश के कई दूसरे भागों में वैष्णव उपासकों के लिए एकदम वर्जित थी। माजुली के इस गुरुकुल में मछली रसोई तक सीमित नहीं थी। मछली पूरे मठ में मचलती थी—बड़ी मूर्तियों से लेकर पट्टिकाओं तक। आउनति सत्र नामक एक वैष्णव विहार में मछली के आकार वाली पट्टिका पर असमिया भाषा में एक संस्कृत श्लोक लिखा हुआ था, जिसका अर्थ था : "मैं जो कुछ लिख रहा हूँ वह ग़लत हो सकता है क्योंकि महाबली भीम भी युद्ध में पराजित हो गए थे।"

इसी द्वीप पर प्रोफ़ेसर डम्बरूधर नाथ रहते थे जिन्होंने अपना बचपन ऐसे ही गुरुकुल में बिताया था और जो अब ब्रह्मपुत्र के किनारे निर्मित होने वाले माजुली विश्वविद्यालय के संस्थापक उप-कुलपति थे। उन्होंने बताया कि यह श्लोक कई संस्कृत ग्रन्थों के अन्त में लिखा रहता है। पांडुलिपियों की नकल तैयार करने वाले अनाम लेखक अक्सर इस श्लोक को पांडुलिपि के अन्त में जोड़ दिया करते थे। यह उनकी सम्भावित चूक का विनम्र स्वीकार था कि शायद उन्होंने यह पांडुलिपि लिखते वक़्त कुछ ग़लतियाँ कर दी हों, और 'मूल' ग्रन्थ से थोड़ा विचलन हो गया हो।

यही वजह थी कि प्राचीन और मध्यकालीन कृतियों की कोई मान्य पांडुलिपि बहुत कम मिलती थी। अनेक हाथों से गुज़रती ये पांडुलिपियाँ आगामी पीढ़ियों तक पहुँचती थीं। महानतम लेखक के लिए भी किसी ग्रन्थ की 'हूबहू' पांडुलिपि तैयार करना आसान नहीं

था। बोर्खेस ने कहा भी था कि जब आप किसी कृति को ज्यों-का-त्यों लिखते हैं, वह एक नया टेक्स्ट बन जाती है। मुझे लेकिन यह भी लगा कि यह श्लोक उस ग्रन्थ में अनेकार्थता की सम्भावना पैदा करने और उसके पाठ को जटिल बनाने की आख्यायकीय युक्ति भी हो सकती थी। साथ ही यह श्लोक उस ग्रन्थ पर अपनी उँगलियों के निशान छोड़ जाने की उस अज्ञात पांडुलिपि-लेखक की अव्यक्त आकांक्षा का सूचक भी हो सकता था।

विनम्र स्वीकार हो या लेखकीय हस्ताक्षर, किसी ग्रन्थ के अर्थ-बाहुल्य की सम्भावना बतलाते इस श्लोक को वैष्णव भिक्षुओं ने उस इलाक़े की सबसे प्रिय रोहू मछली पर अंकित किया था, जो ख़ुद अनेक विधियों से पकाई जाती थी। इस तरह यह श्लोक ग्रन्थ और भोजन दोनों के मूल स्वभाव का सूचक था। किसी किताब की तरह भोजन के बारे में भी कोई एक निश्चित कथन नहीं हो सकता। न तो भोजन के बारे में कोई एक मान्यता है, न कोई एक मान्य पाक-विधि। आपकी थाली में अगर सिर्फ़ चार चीज़ें हैं तो तय मानिए कि आपको

नहीं मालूम होगा कि कितने महाद्वीपों और महासागरों को पार कर कोई पकवान आपके पास आया है।

कई शताब्दियों बाद अम्बर्तो इको के महान उपन्यास के आख्यायक को जब एक पांडुलिपि मिलती है, वह उसकी नकल उतारते वक़्त अपनी सम्भावित चूक को इसी तरह स्वीकार करता है। 'द नेम ऑफ़ द रोज़' में सुअर को पकाने की विधि का विस्तृत वर्णन भी है। अगर हालिया काटे गए सुअरों के ख़ून को अच्छे से फेंटा जाए तो यह जमेगा नहीं। इस ख़ून से बने स्वादिष्ट पकवान ईसाई भिक्षु बड़े चाव से खाते हैं।

संस्कृत ग्रन्थ छप्पन भोग का विशद वर्णन करते हैं, देवता भी स्वाद-रस में डूबते हैं। वाल्मीकि रामायण के एक प्रसंग में अयोध्या से जाते वक़्त राम, सीता और लक्ष्मण नाव से गंगा पार कर रहे हैं। पानी के बीच पहुँचने पर सीता गंगा से वायदा करती हैं कि सुरक्षित वापस लौटने पर वे 'एक सहस्त्र घड़े सुरा और मांसयुक्त चावल' उन्हें अर्पित करेंगी। अनुशासन और सतीत्व की प्रतीक सीता द्वारा गंगा मैया को शराब और मांस अर्पित करते देख अगर आप अचम्भित हों तो उपनिषदों की ओर मुड़ना चाहिए जहाँ अन्न को ब्रह्म कहा गया है।

रामानुजन की कथा में निहित मान्यता पर प्रश्न करने के बाद हम दो प्रस्तावनाएँ दे सकते हैं। पहली, अपने प्रियजनों के लिए खाना बनाना साधना से कम नहीं। जब हवा में उठती मसालों की गन्ध आँच पर रखे बर्तनों से उमड़ती भाप को छूती है, आपकी तमाम बेचैनियाँ बेहतरीन पकवान से हासिल सुख में घुल जाती हैं। दूसरे, अच्छा भोजन आपको गहरा आनन्द दे सकता है। कुछ चीज़ें कामोत्तेजना जगाती हैं, और कई बार बहुत साधारण चीज़ भी कामुक अनुभव दे सकती है।

हम फिर से पूर्वी सभ्यता की एक कृति की ओर मुड़ सकते हैं,

जापानी फ़िल्म 'टेम्पोपो' जो भोजन-रस का रोमांचक वर्णन करती है। एक विलक्षण दृश्य में नायक नायिका को एक हल्के उबले अंडे की पीली ज़र्दी खिलाता है और वह कामुकता के चरम को छू लेती है। वह ज़र्दी को अपने मुँह में लेकर नायिका के मुँह के भीतर कुछ ऐसी नज़ाकत से ठहरा देता है कि यह ज़र्दी लिंग का प्रतीक बन जाती है। वह इसे पूरी तरह नहीं निगलती, पीले गोले को अपने मुँह में फिराती है और उत्तेजना और मदहोशी के सागर में डूबती जाती है।

ग़ौर करें, कामसूत्र में वर्णित चौंसठ कलाओं में विभिन्न प्रकार के व्यंजन और पेय बनाने की कला शामिल है।

मेरी फ्रेंच मित्र जूडिथ मिसराही-बराक ने मुझे हाल ही एक अन्य फ़िल्म 'बेबेटेज फ़ीस्ट' (बेबेटे का भोज) के बारे में याद दिलाया था। भोजन के सुख पर बनी यह फ़िल्म दो वृद्ध साध्वियों की कथा है जो उन्नीसवीं सदी के डेनमार्क में एक प्रोटेस्टेंट समुदाय में रहती हैं। वे अनुशासित जीवन जीती हैं, सादा भोजन करती हैं और किसी भी क़िस्म के आनन्द को पाप मानती हैं। उन्हें लगता है कि अनुशासन और संयम से ही पाप से मुक्ति सम्भव है—वे पाप जिनके बारे में हमें कभी पता नहीं चलता, इसलिए वे उनकी ख़याली उपज प्रतीत होते हैं। एक दिन बाहरी दुनिया की निवासी बेबेटे उनके पास आती है। वह पेरिस में हो रही हिंसा से बचती-भागती वहाँ आ गई है। वह बहनों से शरण माँगती है जिसके एवज़ में वह उनकी सेवा किया करेगी। दोनों बहनें शुरुआत में उसे हिचकते हुए अनुमति देती हैं, लेकिन बेबेटे जल्द ही उनकी प्रिय बन जाती है।

कई साल बाद वह एक लॉटरी जीतती है जिसकी रक़म से वह पेरिस वापस लौट सकती है। जाने से पहले वह इस समुदाय का आभार व्यक्त करना चाहती है लेकिन वह आभार जताने का सिर्फ़ एक तरीक़ा

जानती है—वृहद भोज। वह लॉटरी की राशि इस भोज में ख़र्च कर देती है। पकवान बनते देखकर वृद्ध स्त्रियाँ शुरू में असहज होती हैं, इसे पतन का प्रतीक मानती हैं। लेकिन जब वे धीरे-धीरे कौर तोड़ती हैं, खाना शुरू करती हैं, उनका शक दूर हो जाता है और वे अनजान रहे आए इस सुख का साक्षात्कार करती हैं। यह महाभोज आध्यात्मिक ऊँचाइयों पर पहुँच जाता है, साध्वियों की देह और आत्मा को तृप्त करता है और खाने की मेज़ मुक्ति का स्थल बन जाती है।

भोजन सुख देता है, तो शराब ऐसे आत्मीय संवाद सम्भव करती है जहाँ जीवन की तमाम गाँठें खुलती जाती हैं। बढ़िया भोजन आपको सन्तृप्त करता है, शराब आत्मोद्घाटन की ओर ले जाती है। निर्मल वर्मा ने उन लम्बी और तनहा शामों के बारे में लिखा है जो वे यूरोप के शराबघरों में उन्नीस सौ साठ के दशक में बिताया करते थे, "जब रात इतनी बढ़ जाती थी कि घर लौटना कायरता जान पड़ता था।" निर्मल की अनेक कहानियाँ इन्हीं शामों से जन्मी थीं। शराब में धुत्त अजनबी उनकी मेज़ के क़रीब आकर बैठ जाया करते थे। "यू आर अ क्वायट इंडियन, आरंट यू?" वे उनसे पूछते और अपना जीवन उनके सामने उघाड़ने लगते। "उनकी ऊपर से अनर्गल दीखने वाली आत्मकथाओं में मुझे पहली बार उन अँधेरे कोनों से साक्षात्कार हुआ, जिन्हें मैं छिपाकर रखता आया था। आज मैं जो कुछ हूँ उसका एक हिस्सा इन अज्ञात लोगों की देन है," निर्मल ने लिखा था।

उन्होंने 'डेढ़ इंच ऊपर (1966)' को ऐसी 'परेशान और ज्वर-ग्रस्त' कहानी बताया है जो किसी शराबघर में बीती एक शाम से जन्मी

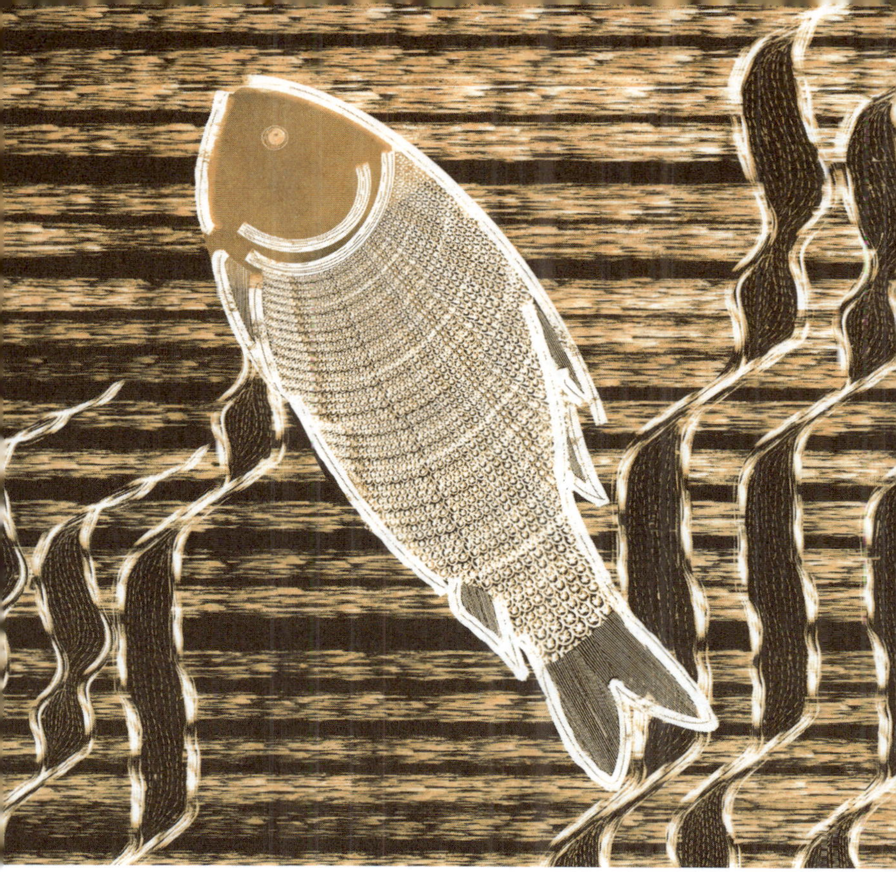

थी। यह कहानी एक यहूदी का मार्मिक एकालाप है जो अपना जीवन एक शराबघर में किसी अजनबी के सामने उघाड़ रहा है। कई दशक पहले जर्मनी की गेस्टापो पुलिस ने उसकी पत्नी की हत्या कर दी थी। अपनी शादी के सात वर्षों तक उसे कभी एहसास नहीं हुआ कि वह एक राजनीतिक कार्यकर्ता थी, नाज़ी सरकार के विरुद्ध काम करती थी। उसकी गिरफ़्तारी के बाद पुलिस ने उसके पति को यातनाएँ दीं कि वह उसके राज़ बता दे, लेकिन वह कुछ नहीं जानता था। कई बरस बाद अब उसे पुरानी स्मृतियाँ तड़पाती थीं। "मुझे लगा था कि उसने मुझे

अँधेरे में रखकर छल किया। बार-बार यह ख़्याल मुझे कोंचता था कि स्वयं मेरी पत्नी ने मुझे अपना विश्वासपात्र बनाना उचित नहीं समझा। लेकिन बाद में गेस्टापो के सामने पीड़ा और कष्ट के असह्य क्षणों से गुज़रते हुए मैं उसके प्रति कृतज्ञ-सा हो जाता था कि उसने मुझसे कुछ नहीं कहा। उसने एक तरह से मुझे बचा लिया था।"

"ज़रा सोचिए, मेरी यंत्रणा कितनी अधिक बढ़ जाती अगर मेरे सामने क़बूल करने का रास्ता खुला होता! आप मज़बूरी में बड़ी-से-बड़ी यातना सह सकते हैं, लेकिन अगर आपको मालूम हो कि आप किसी भी क्षण उस यातना से छुटकारा पा सकते हैं, चाहे उसके लिए आपकी अपनी पत्नी, अपने पिता, अपने भाई के साथ ही विश्वासघात क्यों न करना पड़े...मुझे कभी-कभी लगता है कि निर्णय की इस यातना से मुझे बचाने के लिए ही मेरी पत्नी ने अपना रहस्य कभी मुझे नहीं बताया।"

इतने दशक बाद वह यहूदी अपने भय और संशय एक अजनबी के सामने बीयर पीते हुए उजागर कर देता है। नाज़ी शासन के दौरान यहूदी त्रासदी का आईना यह कहानी शराब से जन्मा एकालाप है, जिसके शब्दों में विश्वयुद्ध और नाज़ी आतंक से बहुत दूर ठहरा पाठक भी मानव अस्तित्व के इस मूल प्रश्न से रूबरू हो सकता है कि विकल्पों की अनुपस्थिति या विभिन्न विकल्पों के बीच चुनाव किस तरह मनुष्य को तोड़ता है। पहली अवस्था में सब कुछ नियतिबद्ध दिखाई देता है, आप सरलता से उपलब्ध एकमात्र विकल्प की तरफ़ चल देते हैं, जबकि दूसरी अवस्था में तमाम विकल्पों के बीच ख़ुद को क़ैद पाते हैं।

मेरा पत्रकार जीवन मुझे अक्सर ऐसी कठिन जगहों पर और विकट इनसानों के बीच ले जाता है, जहाँ उनके क़रीब आने के लिए

शराब एकमात्र साधन नज़र आती है, लेकिन उस लम्बी शाम के ख़त्म होने तक हमारे डर मिट चुके होते हैं और दोस्ती की शुरुआत हो जाती है। शराब को अक्सर संवाद शुरू करने का अच्छा माध्यम माना जाता है, लेकिन शराब उम्र और अवकाश की सीमाएँ मिटाने वाला एक पवित्र पेय भी है।

इस लेख का अन्त मैं अपने एक स्मरणीय भोज से करता हूँ, जो पत्रकारिता के दौरान सम्भव हुआ था। अपने छठे दशक में चलता नक्सल आन्दोलन भारत का सबसे लम्बा हिंसक क्रान्तिकारी आन्दोलन है। मार्च, 2014 में मैंने इस क्रान्ति की राजधानी अबुझमाड़ जंगल के नक्सल शिविरों में तीन हफ़्ते बिताए थे। माओवादी नेता अपनी प्लाटून के लिए महीने में एक बार मटन का प्रावधान रखते हैं। पार्टी इस जश्न

की रात के लिए अलग से पैसा देती है। जब मेरी वापसी का समय आया, महाभोज का दिन अभी दूर था। वे मुझे भव्य विदाई देना चाहते थे, लेकिन पार्टी कोष से असमय पैसा कैसे निकाला जाए? कल मुझे जाना है, लेकिन आज रात मटन कैसे बन सकता है? माओवादियों ने जल्दी से बैठक बुलाई, तय किया कि अपने वरिष्ठ नेताओं को बाद में समझा देंगे, लेकिन उन्हें अपने मेहमान को विदाई देनी है। उन्होंने जब मुझे चहकते हुए इस भोज के बारे में बताया, मैंने उन्हें यह कहकर निराश कर दिया कि मैं शाकाहारी हूँ।

उन्हें भरोसा नहीं हुआ। कोई मटन के बग़ैर कैसे रह सकता है? शहर में लोग कैसे रहते हैं? लेकिन विदाई तो देनी है, और तब कोई सुझाता है कि मेरे लिए जलेबी मँगवाई जाए। बाज़ार कई घंटे दूर है, एक गाँववाले को तुरन्त साइकिल पर रवाना किया जाता है। जब तक पहले ही कई दिन पुरानी जलेबियाँ आती हैं, वे सूखकर पीली पड़ चुकी हैं। हम सब ज़मीन पर बैठ जलेबियाँ खाते हैं, चारों तरफ़ हथियारबन्द गुरिल्ला लड़ाके तैनात हैं।

मैं पिछले तीन हफ़्तों से इन नक्सल शिविरों में पुलिसिया हमले के मँडराते भय के साथ जी रहा था। किसी भी क्षण किसी गोली या ग्रेनेड से मेरी मृत्यु हो सकती थे। लेकिन इस आख़िरी दिन सृष्टि पर अपनी आस्था को सघन करने के लिए मेरे लिए सिर्फ़ कुछ बासी जलेबियाँ काफ़ी थीं।

आलेख मूल रूप से हिन्दी में लिखित

चित्र : सरोनिक बासु

पावरोटी यात्रा का ज़ायक़ा

दामोदर मावजो

पहली छवि

जैसे सूर्य क्षितिज के पश्चिमी छोर को अपने विदा सम्बन्धों से आच्छादित करता जा रहा था, लाल, नारंगी और पीला, काले, नीले, सुनहरे रंगों के संग नृत्य करने लगे थे। जल्द ही गोधूलि वेला कौंधकर साँझ में बदल गई। इस अलौकिक दृश्य को देख नागपुर से पधारे हमारे अतिथि—मेरा साला, उसकी पत्नी और दसवीं कक्षा में पढ़ने वाली उनकी बेटी मंजरी अचम्भित रह गए थे।

हम सब मिलकर समुद्र-तट पर अक्सर टहलने जाते और आकाश में उभरते रंगों के इस अद्‌भुत खेल को निहारते। मुझे माज़ोर्डा तट बहुत पसन्द है। इतना शान्त और धीर तट है यह कि मैं वहाँ जाकर श्लथ, विश्राम मुद्रा में पड़ा रहता हूँ। लेकिन उस दिन जब गुरु ने कहा कि हमें माज़ोर्डा के अलावा कोलवा तट पर भी चलना चाहिए, तो हम चल दिए।

जैसे ही साँझ ने अपना नीला कम्बल फैलाया, शीला मेरी पत्नी, तट से उठने को तैयार हो गई। वह घड़ी देखती हुई बोली, "क्या हमें अब घर नहीं चलना चाहिए?"

मैंने तुरन्त कहा, "रुको यार, अभी थोड़ी देर और। ठंडी हवा का आनन्द लो, थोड़ी देर तो और ठहरो।"

लेकिन शीला अड़ गई, "तुम्हारे लिए तो आराम से ठहरना आसान है लेकिन घर चलकर सबको भूख लगेगी। फिर हम खाएँगे क्या? मुझे ही चपातियाँ बनानी पड़ेंगी।"

इसके बाद हम सात लोग अपनी छोटी-सी मारुति में वैसे ही बन्द हो गए जैसे सार्डीन मछली डिब्बों में बन्द बिकती है। सामने की सीट पर तीन लोग बैठे थे, इसलिए मुझे अतिरिक्त सावधानी से गाड़ी चलानी पड़ी थी। जैसे ही हम कोलवा चर्च के पास से गुज़रे, मुँह में पानी लाने वाली एक गन्ध मेरे नथुनों में भरती चली गई। सायास ही ऐक्सेलरेटर को दाबते मेरे पैर शिथिल हो गए।

"वाह! क्या सुगन्ध है!" मेरा साला मुग्ध भाव से बोला।

मेरी जीभ भी गुदगुदाने लगी। सारी स्वाद कोशिकाएँ जागृत हो गईं।

"रुको, मैं देखकर आता हूँ।" मैंने कहा और गाड़ी पार्क कर गन्ध की दिशा में चल पड़ा।

गन्ध की जिस दिशा में मैं गया वहाँ फटाफट पाव-रोटी (ब्रेड) तैयार हो रही थी। कुछ ख़रीदार इन्तज़ार में क़तार बनाकर खड़े हुए थे। मैं भी उसी लाइन में जाकर खड़ा हो गया। जब मेरी बारी आई तो पाव-रोटी बनाने वाले ने मुझसे पूछा, "कौन सी चाहिए।"

मैंने उत्तर दिया, "फॉर्मचे पाव," यानी एक ट्रे में एक ही समय सिंकने वाली आठ पाव रोटियाँ।

"कितनी चाहिए?"

चूँकि मेरी पत्नी ने पहले ही घर पर तरी वाली सब्ज़ी बनाकर रखी थी, उसके साथ रात के खाने में चपाती के बजाय पाव-रोटी खाना बहुत

अच्छा विकल्प था। हम कुल सात लोग थे। मैंने सोचा हममें से प्रत्येक व्यक्ति दो पाव-रोटी तो खाएगा ही सो मैंने 15 पाव-रोटी माँग ली।

"बैग है?" उसने पूछा।

अब बैग तो मैं लाया नहीं था इसलिए मैंने उससे कहा कि वह काग़ज़ में ही पाव-रोटी लपेटकर मुझे दे दे।

बहुत सावधान होकर मैं गरमागरम पाव-रोटियों को अपनी गाड़ी तक सुरक्षित ले आया। पाव-रोटियों की सुवासित गन्ध मुझसे पहले ही गाड़ी में बैठे लोगों तक पहुँच चुकी थी। शीला ने कृतज्ञता से गरम पाव-रोटियों के पैकेट को थामा और ख़ुश हो गई कि अब उसे चपातियाँ नहीं बनानी पड़ेंगी।

इसके बाद जैसे ही मैंने गाड़ी चलाना शुरू किया मुझसे रहा नहीं गया और मैं लगभग अनुनय करता हुआ बोला, "मुझे एक पाव-रोटी दो न। गन्ध से मुँह में पानी आ रहा है।"

दरअसल जैसे ही शीला के हाथ में पैकेट आया था उसने आतुरता से अपने लिए एक पाव-रोटी पहले ही निकाल ली थी और पैकेट पीछे की सीट पर बैठे लोगों के पास बढ़ा दिया था। ओव्हेन से निकली उस ताज़ी रोटी में मक्खन, चीज़ या जैम लगाने की बिलकुल ज़रूरत नहीं थी। अपने-आप में ही वह स्वाद से भरी थी।

पीछे से जब कोई आवाज़ नहीं आई तो मैंने अनुमान लगाया कि गुरु उस गन्ध की गिरफ़्त में है और चुपचाप उसका आनन्द उठा रहा है। जब तक हम अगले गाँव बेतालभाती पहुँचते मेरे मुँह में रखी पाव-रोटी ख़त्म हो चुकी थी। इसके बाद मैंने लालच से भर एक और की माँग कर डाली।

"मैं तो कहती हूँ तुम और मत खाओ वरना खाना क्या खाओगे?" शीला बोली। लेकिन इसके बाद वह ख़ुद को ही नहीं रोक पाई।

उसने एक रोटी निकाली उसके दो टुकड़े किए और मुझे एक टुकड़ा देती हुई बोली, "तुम्हें एक हिस्से से सन्तोष करना पड़ेगा। मैं दूसरा खाऊँगी।"

लगभग आठ बजे मैंने सबको घर के बाहरी गेट पर उतारा और रसोईघर में एक कुर्सी खींच, बैठते हुए बोला—"अच्छा हुआ हमने पाव-रोटी ख़रीद ली, अब चपाती बनाने के झंझट से छुट्टी मिली।"

"ये तो तुम्हारे ख़याली पुलाव हैं।" शीला बोली।

मैंने देखा, वह चकला-बेलन और गुँथा हुआ आटा हाथ में ले, चपाती बनाने को तैयार खड़ी थी।

"मैंने तो बहुत सोच-समझकर 15 पाव-रोटी ख़रीदी थी।"

"हाँ! लेकिन उनमें से सिर्फ़ चार बची थीं। तुम बाहर जाकर अपनी भाभी से बातचीत क्यों नहीं करती? मैं इस बीच जाकर और पाव-रोटी ले आता हूँ।"

गुरु हमेशा की तरह मेरा साथ देने को तैयार था। मैन्युएल का ओव्हेन (ब्रेड पकाने की भट्टी) सिर्फ़ पाँच मिनट की दूरी पर था। जब हम वहाँ पहुँचे तो पाया उस शाम की पाव-रोटी तो सब बिक चुकी थी और अगले दिन की तैयारी चल रही थी।

"मैन्युएल, क्या मैं 10 पाव-रोटी ख़रीद सकता हूँ?"

"मेरे दोस्त, तुम बहुत देर से आए हो।" वह बोला फिर रोटियों की टोकरी पर झुक गया—"वैसे मेरे पास आठ फॉर्मचे पाव हैं और दो पोई। बोलो, क्या इससे काम बन जाएगा? यह सब कुछ साइकिल पर पाव-रोटी बेचने वालों का बचा हुआ माल है जो आज लौट आया है।"

"वाह!"

इसके बाद ख़ुश हो हम अपना सामान पकड़ अपने घर लौट आए।

दूसरी छवि

जैसे ही हम वासू के शराबख़ाने के पास पहुँचे हमने देखा एक प्रवासी मज़दूर बहुत अधिक शराब पीने की वजह से अपने पैरों पर खड़ा नहीं हो पा रहा है और बुरी तरह से ढलमला रहा है। यह देख हमने वासू को चिल्लाते सुना, "अरे कोई भागकर जाओ और मैन्युएल के यहाँ से एक पाव-रोटी ले आओ, प्लीज़।"

"वासू भाई, मैन्युएल के पास पाव-रोटी अब बची नहीं है। मैंने अभी उसकी टोकरी ख़ाली कर दी है। यह लो और उसे खिलाओ।" मैंने मुलायम पाव-रोटी का एक टुकड़ा उसकी ओर बढ़ा दिया। फिर भौचक खड़े गुरु का हाथ थामा और घर की ओर चलने लगा।

"उस निकम्मे शराबी पर एक पाव-रोटी ख़र्च करने का क्या तुक है?" गुरु का विरोध तेज़ी से उभरा।

"क्या तुम्हें नहीं पता? एक शराबी को होश में लाने के लिए उसके पेट को मुलायम पाव-रोटी से भर देना होता है। एक स्पंज की तरह पाव-रोटी शराब को सोख लेती है।" अपने बड़े-बुज़ुर्गों से सुनी बात मैंने दुहरा दी।

रात के खाने पर गुरु ने कहा, "इन पाव-रोटियों का मुक़ाबला पहले वाली रोटियों से नहीं किया जा सकता है।"

"हाँ! नहीं किया जा सकता है क्योंकि पहले वाली रोटियों में खमीर उठाने के लिए देशी शराब डाली गई थी।"

"सुर? यानी सोरो...शराब?" मंजरी ने हैरानी से पूछा। हालाँकि वह एक तेज़ बच्ची थी लेकिन उसके पिता उसे ज़बरदस्ती इंजीनियर बनाने की कोशिश कर रहे थे और वह ख़ुद अभी अपने करियर को लेकर अनिश्चित थी। स्वभाव से वह प्रश्नाकुल बच्ची थी। चीज़ों को

जानने की उत्कंठा थी उसमें लेकिन फ़िलहाल भ्रमित थी। उसके पिता ने उसे समझाने की कोशिश की—"सुर, नीरा जैसी शराब होती है। उससे पाव-रोटी के आटे में खमीर उठाया जाता है। इस तरह की पाव-रोटी की बहुत माँग है क्योंकि इसमें पुराना, मौलिक, पारम्परिक

स्वाद होता है। दुर्भाग्य से सुर कम मिलता और बहुत महँगा होता है इसीलिए आजकल यीस्ट का व्यापक इस्तेमाल होता है। उससे स्वाद थोड़ा प्रभावित हो जाता है। ते फिरजे गेले, ते उंडे गेले—गोरे गए और उनके साथ पाव-रोटी भी।"

"हाँ, गोरे तो चले गए हैं लेकिन गोवा के बेकर और उनकी बनाई पाव-रोटी तो यहीं है। और वे गोवा की पहचान के ख़ास प्रतीक हो गए हैं।" मैंने अपनी बात भी मज़बूती से रखी।

"शायद तुम सही हो। लेकिन तुम्हें यह बात तो माननी पड़ेगी कि पुराने अच्छे दिन अब जा चुके हैं। मैं अपने दोस्त का एक क़िस्सा सुनाता हूँ।"

वह फिर से बोलने लगा, "आबदन मेरे बचपन का एक दोस्त था। जुआरी गाँव का। उसके पिता अफ़्रीका में काम करते थे। उसकी माँ के मरने के बाद उन्होंने उसे दार-एस-सलाम में बसा दिया। गोवा के अपने घर की औपचारिक देखभाल करने वाले किसी सेवक को घर सुपुर्द करने के बजाय आबदन ने उसे अपने दोस्त सुब्राय को सौंप दिया जो उन दिनों रहने के लिए घर की तलाश में था। आबदन इसके बाद काम के सिलसिले में पहले इंग्लैंड गया फिर ऑस्ट्रेलिया। 30 वर्ष बाद वह जब वापस आया तो उसने पाया कि उसका घर तो ग़ायब हो चुका था और उसके बदले में कंक्रीट का एक अनाकर्षक ढाँचा सामने खड़ा था। वह सकते में आ गया।"

"क्या वह प्रॉपर्टी तुम्हारे दोस्त के नाम से नहीं थी?" मैंने पूछा।

"अरे, बेचारे के पास काग़ज़ात ही नहीं थे। किसी वकील ने बताया कि वह ज़मीन-मकान तो कम्यूनीदादे (जो इस क्षेत्र का एक पारम्परिक रिवाज है) के अन्तर्गत था जिसे क़ानून की मान्यता नहीं मिली।

"बेचारा! ख़ैर! खाने दो सुल वाले बेकर को" मैंने कहा।

"क्या मतलब है तुम्हारा।"

"कोंकणी में एक कहावत है—अगर किसी का सौभाग्य किसी और के भाग्य में लिख दिया जाए तो ऐसा ही होता है।"

इस बीच कुछ पाव-रोटियाँ बच गईं। "तुम इन्हें कल सुबह के नाश्ते के लिए रख लो। मुझे कोयलों पर भुने टोस्ट बहुत पसन्द हैं।" मैंने कहा।

"शुक्र है भाजी इतनी स्वादिष्ट बनी थी जिससे लोगों ने ठीक से पाव-रोटी खाई वरना तो तुम कहते पाव-रोटी साँजो बनाओ।" पत्नी मेरे कान में फुसफुसाई।

"हाँ, अगर पर्याप्त मात्रा में पाव-रोटी बची हो तो उन्हें तोड़कर राई, प्याज़ और मिर्च के साथ बघारकर स्वादिष्ट साँजो बनाया जाता। जो अगली सुबह के नाश्ते के लिए उत्तम होता।"

फिर उस रात पाव-रोटी से जुड़े कितने ही क़िस्से सुने और सुनाए गए। बच्चे ध्यान से सुनते रहे। जैसे ही मैं उन क़िस्सों में गहरे गोते लगाता मेरे बचपन के दिन आँखों के सामने कौंधने लगते। पाव-रोटी के विशाल आकार, सुर में डुबोने की वजह से दुगुना हुआ उसका स्वाद और इतने स्वादिष्ट पाव का सिर्फ़ एक आना में नसीब होना। सब कुछ याद आने लगा।

"एक आना का क्या मतलब है?"

मैं युवाओं पर अमूमन तरस ही खाता हूँ। वे कितना कम जानते हैं।

"उन दिनों एक रुपये में 16 आने हुआ करते थे।"

"क्या इसका मतलब यह हुआ कि लोग उन दिनों एक रुपये में 16 पाव-रोटी ख़रीद पाते थे?" मंजरी ने अविश्वास से पूछा।

इस सवाल से उत्साहित हो मैं अपने बचपन का एक क़िस्सा

उसे सुनाने से नहीं रोक पाया।

"सावन के महीने में हर स्कूल में भजन गाने का रिवाज़ था। 11.30 बजे के लगभग खौर्न (ओव्हेन) में पाव-रोटी पकने की गन्ध पूरे मोहल्ले में फैल जाती थी। बाज़ार में दो खौर्न थे—एक कामिल का, दूसरा जैक पिदादि का। कामिल नौ बजे अपने पैरों से रोटी का आटा गूँथते पाया जाता। जब भी मैं उसके यहाँ की गन्ध के वशीभूत हो उसके खौर्न पर खिंचा चला जाता, वह मुझे पाव-रोटी भेंट करता। कभी-कभी मैं अपने दोस्तों को लेकर पहुँच जाता। लेकिन वह मुफ़्त में इतनी पाव हमें नहीं दे सकता था और मेरे दोस्त भी मुफ़्त की रोटी नहीं खाते, लिहाज़ा हम रोटी ख़रीदते थे, घर से चुराए कुछ आनों से। इस सूखी गरमागरम पाव-रोटी को खाने का अलग ही आनन्द था।

जब मीनू और मिठ्ठू छोटे बच्चे थे तो मैं बड़ी वाली को पाव-रोटी ख़रीदने ले जाता था और वहाँ जाकर वह कंगन (जो चूड़ी के आकार की रोटी होती थी) ख़रीदने की ज़िद करती थी।"

इस क़िस्से पर उसकी यादें ताज़ा हो गईं और वह उल्लास से भर बोली—मैं कंगन को अपने हाथों में पहन लेती थी और रास्ते भर नाचती हुई घर पहुँचती थी। उसके बाद उन्हें चाय में डुबा-डुबा कर मजे से खाती थी।"

तीसरी छवि

मंजरी ने इस क़िस्से में अपना क़िस्सा जोड़ा, "हमारे नागपुर में भी छोटे-छोटे स्टाल में स्वादिष्ट वड़ा-पाव और पाव-भाजी मिलती है।"

"अरे वो सब तो यहाँ भी मिलता है और उसके साथ ही साथ रोस ऑमलेट-पाव, चौरिस-पाव, और काफ्रियल पोई भी मिलता है।"

इस तरह गोवा के आम खानों, सड़क पर मिलने वाले खाने के आयामों पर ख़ूब बातचीत हुई। कैसे स्वाद भरी भाजी को अधिक पाव के साथ खाकर ही न्याय किया जा सकता है, कैसे पोई में चिकेन भरकर और मज़ा लिया जा सकता है आदि।

मुझे अपने बॉम्बे के कॉलेज वाले दिन याद आए। कॉलेज मेस में बहुत सारे नाश्ते दिए जाते थे। स्लाइस्ड पाव-रोटी, पूरी-भाजी इत्यादि। एक दिन मैं एक ईरानी रेस्टोरेंट में गया और मस्का ब्रेड का ऑर्डर दिया। और क्या बताऊँ मुझे कितना आश्चर्य हुआ जब मुझे अपने यहाँ का कातरी पाव ख़ूब सारा मक्खन लगाकर दिया गया। रेस्टोरेंट वाले उसे ब्रून रोटी कह रहे थे। इसके बाद जब भी मुझे गोवा की याद आती मैं उसी ईरानी रेस्टोरेंट में जाकर मस्का पाव खा लेता। इससे अपने यहाँ की पाव-रोटी की कमी कुछ हद तक पूरी हो जाती थी।

"गुस्ताखी माफ़ करना लेकिन यह जानना ज़रूरी है कि जब गोवा में पारम्परिक कयलोदी, भाखरी, डोसे और फुल्के (रोटी) मौजूद थे तो इस तरह की रोटी (ब्रेड) ने यहाँ अपनी जगह कैसे बनाई? इसकी उत्पत्ति कैसे हुई? क्या इसे पुर्तगाली लेकर आए थे?"

"सुनो, जब पुर्तगाली गोवा आए तो वे अपने यूरोप की ब्रेड के बिना जीने की कल्पना नहीं कर सकते थे। इसलिए यहाँ के लोगों ने इसे गोवा में बनाना शुरू किया। क्या तुममें से कोई जानता है कि गोवा का वह पहला आदमी कौन था जिसने सोलहवीं शताब्दी में ब्रेड बनाई थी?"

"कौन था? कौन था?" आवाज़ों का कोरस उभरा।

मेरा सीना गर्व से चौड़ा हो गया जब मैंने जवाब दिया, "वह इसी गाँव मैज़ोर्डा का था। वह डोंगरी वार्ड में अवर लेडी, मदर ऑफ़ गॉड चर्च के पीछे रहता था। उस ब्रेड की यात्रा अद्‌भुत थी। वह सालसेत

से बारदेस आई, पूरे गोवा में घर बनाया, फिर पूरे भारत में और उसके बाद पूरे एशियाई महाद्वीप में बस गई।

चौथी छवि

मेरा साला बोला, "मैंने कहीं पढ़ा है कि पुणे के हिन्दू जिनमें लोकमान्य तिलक भी शामिल हैं, ब्रेड को अग्रहणीय मानते थे। लेकिन गोवा के हिन्दुओं ने इसे अपने खाने का अभिन्न हिस्सा बना लिया। ये वैसे हुआ?"

"सही कह रहे हो। लेकिन ऐसा नहीं था कि यहाँ जैसे ही पाव-रोटी आई, लोगों ने उसे झट से अपना लिया। और सिर्फ़ पाव-रोटी ही नहीं, टमाटर की भी वही कहानी है। उसका भी उत्साह से स्वागत नहीं हुआ था। और जो टमाटर के मीट बॉल बनते हैं न आज, उन दिनों उसे भी खाना ठीक नहीं माना जाता था। वह भी वर्जित खाने की श्रेणी में आता था। लोगों ने पाव-रोटी को बहुत सन्देह के बाद ही अपनाया। मड़गाँव के हिन्दू, हिन्दुओं द्वारा तैयार की गई पाव-रोटी ही खाते थे। मुझे जहाँ तक याद आ रहा है कि एक कृष्ण नाम का बेकर मड़गाँव में, कोम्बा वार्ड का रहनेवाला था जिससे हिन्दू लोग पाव-रोटी ख़रीदते थे। किसी और से नहीं, सिर्फ़ कृष्ण से। मुझे यह बात बहुत

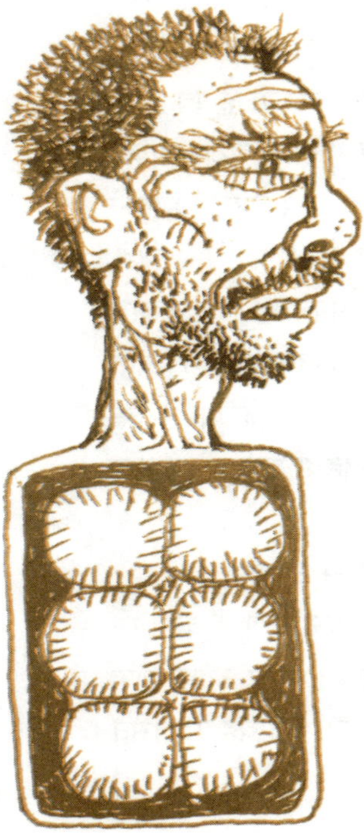

हास्यास्पद लगती थी।"

जैसे-जैसे रात गहराती गई बच्चों को नींद आने लगी। मिठू ने अपनी जम्हाई दबाई और कुछ याद करते हुए कहा, "मम्मी प्लीज़ वही वाली लोरी सुनाओ न जिसे सुनाकर तुम हमें सुलाया करती थी।"

"कौन सी?"

"धोल बाए धोल पोदेराले बॉल।"

"अरे! क्या तुम लोग छोटे बच्चे हो जिन्हें लोरी सुनाई जाए?"

"प्लीज़...मम्मी प्लीज़..."

"मुझे शब्द याद नहीं," शीला ने कहा, लेकिन फिर भी उसने कोशिश की।

बच्चे गहरी नींद में तुरन्त समा गए।

"चलो, अब तुम सब भी सोने जाओ," शीला ने हमें प्यार से डाँटा और हम बिस्तर पर चले गए।

सुबह-सुबह छह बजे गुरु बरामदे पर सुस्ताता दिखा। उसने मुझसे कहा कि वह हर रोज़ इसी तरह पाँच बजे उठकर, सुबह का स्वागत करता है।

"मैं तो बिस्तर पर लेटा मुर्ग़े की बाँग का इन्तज़ार करता हूँ लेकिन जैसे ही पाव-रोटी वाले की पों-पों सुनता हूँ उठ जाता हूँ।"

"ओ जी, वे दिन चले गए। अब गाँववाले मुर्ग़े, सूअर और मवेशी नहीं पालते हैं। गाँव में एक बार भी मुर्ग़े की ऐसी बाँग सुनाई नहीं पड़ती है कि हम उसकी बाँग पर उठ जाएँ। आजकल तो साइकिल पर चलने वाले ये पाव-रोटी बेचने वाले जिन्हें तुम बेकर कहते हो, की पों-पों की आवाज़ पर ही नींद खुलती है।

पाँचवीं छवि

जैसे ही हमने सुबह का नाश्ता ख़त्म किया बच्चे पाव-रोटी बनाने वाले (बेकर) की कहानी सुनने की ज़िद करने लगे।

"प्यारे बच्चो, कहानियाँ रात को सोते समय सुनाई जाती हैं। मुझे तुम लोग रात को याद दिलाना।"

जब मैं यह बात कह रहा था तभी मैन्युएल पाव-रोटी वाले ने अपनी साइकिल हमारे गेट पर टिकाई और भीतर चला आया।

"मैन, कल रात तुमने मुझसे 10 पाव-रोटियाँ ली थीं और मुझे 50 रुपये दिए थे। ये लो, अपना बकाया पैसा रखो। इसके बाद उसने मुझे 10 रुपये लौटाए जो मैं उससे पिछली रात लेना भूल गया था।

"अरे, इतनी जल्दी क्या थी? मैं कल आता तो ले लेता।"

"मैं बाज़ार जा रहा था, सोचा, रास्ते में देता चलूँ।"

मैंने उसे एक प्याली चाय पकड़ाई और पूछा, "मैन्युएल बाब, अगर समय है तो क्या तुम मुझ पर एक अहसान कर सकते हो? मेरे यहाँ मेहमान आए हुए हैं जो यहाँ के पाव-रोटी बनाने वालों के बारे में जानना चाहते हैं। क्या तुम उन्हें बताओगे?"

उत्सुक बच्चों को देख मैन्युएल मान गया। मेरा साला भी वहीं आकर बैठ गया।

चाय के घूँट के साथ मैन्युएल अपने पेशे से जुड़ी बातें बताने लगा; कैसे उसके पिता ने खौर्न खड़ा किया। दिन-रात पसीना बहाया और पाव-रोटी तैयार करते रहे। भोर होते ही कैसे वह घुटने तक की काबाय—एक पारम्परिक गाउन पहनकर, पाव-रोटी की टोकरी सर पर टिकाए हुए निकल जाते थे। अपने साथ वे एक छह फुट लम्बा डंडा रखते थे जिसमें ताँबे की घंटियाँ टँगी होती थीं जो डंडे के ज़मीन छूते

ही टनटना उठती थीं—चिम चिम...खुल। इस प्यारी आवाज़ को सुन ग्राहक घर से बाहर आ जाते थे और रोज़मर्रा की ज़रूरत के हिसाब से पाव-रोटी ख़रीद लेते थे। कोई पाव ख़रीदता था तो कोई पोई, कोई कंगन तो कोई बॉल तो कोई मीठी ब्रेड।

"हम तो उसे पाववाला कहते हैं तुम उसे पोदेर क्यों बुलाते हो?"

"पोदेर एक कोंकणी शब्द है जो पुर्तगाली के पादेइरु से उपजा है। उंडौ कोंकणी है लेकिन पाव पुर्तगाली के पाव से ही उपजा है। पहले बेकरी को पोदेरिया कहते थे। अब पुर्तगाली के बजाय अंग्रेज़ी

ज़्यादा इस्तेमाल होती है। और इसमें हमारी कोंकणी बहुत पीछे छूट गई है।" मैन्युएल जाने के लिए उठ गया।

"अगर तुम्हें फौर्न (भट्टी) देखने का मन है तो आज शाम चार बजे आओ। दोपहर तक उसमें आग सुलगा दी जाएगी। मैं तुम्हें सब दिखा दूँगा। फौर्न, उंडे, पाव, बौल सब। तो क्या मैं तुम लोगों का रास्ता देखूँ? आओगे?"

"बिलकुल!"

उनसे वादा करवा मैन्युएल चला गया।

इससे पहले कि मैं अपनी दोपहर की नींद पूरी करता, बच्चे मुझे मैन्युएल के यहाँ ले चलने की ज़िद मचाने लगे। सुखद आश्चर्य था कि मैन्युएल भी हमारा इन्तज़ार कर रहा था। उसका आधा कमरा दो मीटर ऊँची भट्टी से घिरा हुआ था। उसने समझाया, कैसे पहले भट्टी पर मिट्टी का लेप किया जाता है फिर गोबर का लेप। वह खौर्न को फौर्न कह रहा था। लकड़ी दिखाते हुए उसने बताया कि सिर्फ़ कुछ ही क़िस्म की लकड़ियाँ ईंधन के रूप में इस्तेमाल की जाती हैं। वह ऐसी लकड़ी होती है जो तीन घंटे तक जलने पर भी धुआँ नहीं छोड़े। जब लकड़ी जल जाती है तो वह कोयले में बदल जाती है जिसके बाद भट्टी के अन्दरूनी भाग को साफ़ किया जाता है। उसने फिर पाव, ट्रे में बनने वाले पाव, कंगन और पोई को तैयार कैसे किया जाता है इसे हमारे सामने सजीव दिखलाया। वह अद्‌भुत क्षण था!

मैंने ख़ुद भी इतने क़िस्मों की ब्रेड पहले नहीं देखी थीं।

छठवीं छवि

"ट्रे में बनने वाली यह पाव पहले तैयार होती है, जल्दी से। फिर उंडे

की बारी आती है जो अधिक कुरकुरे बनते हैं। गोवा के लोगों को उंडे ही ज़्यादा पसन्द आते हैं। ये अपने आप में विशिष्ट होते हैं—ऊपर से काटे हुए, जिससे अन्दर तक की ब्रेड पूरी तरह सिंक जाए। अपने कटे हुए रूप की वजह से इसे कई बार कातरो भी कहा जाता है। इसके अलावा कूंशिआचे पाव भी होता है जिसे तितली ब्रेड भी कहा जाता है। और, लम्बे रोल्स या चपटे ब्रेड जिनमें चिकन और मटन भरा जाता है उन्हें भी लोग बहुत पसन्द करते हैं। और ये देखो, ये मीठी ब्रेड है जिसमें गुड़ डाला जाता है। यह ब्रेड मुँह में रखते ही घुल जाती है।"

"तुम्हारा बिज़नेस तो फल-फूल रहा है लेकिन क्या तुम्हें अपने काम से सन्तोष मिलता है?" मेरे साले ने पूछा।

"बिज़नेस तो बहुत अच्छा चल रहा है लेकिन," मैन्युएल ने हिचकते हुए कहा, "आजकल लोग पोई की बहुत माँग करने लगे हैं जो गेहूँ की बाली से बनता है, मैदे से नहीं। मधुमेह के रोगी और स्वास्थ्य सचेत लोग पोई की माँग करते हैं। और उसके विपरीत कंगन

की माँग बहुत घट गई है। पुराने ज़माने में बुख़ार में और टाइफॉइड के रोगियों को ठीक करने के लिए कंगन सूप-शोरबा पिलाया जाता था। और आजकल तो लोग सिर्फ़ दवाओं के पीछे भागते रहते हैं।"

"लेकिन यह प्रशंसनीय बात है कि तुमने कंगन बनाना नहीं छोड़ा।" गुरु बोला।

"भविष्य तो अनिश्चित ही दिख रहा है। पहले हम कितना गोडा पाव (स्वीट ब्रेड) बनाते थे।—ये ईसाई दुल्हन के घर शादी के बाद भेजे जाने वाले वजें (भेंट) का अहम हिस्सा होते थे। अब हमने उन्हें बनाना बन्द कर दिया है।"

"क्या वजें में अब गोडा पाव नहीं भेजा जाता है?"

"अरे नहीं, वजें में तो अभी भी भेजा जाता है। उसके बिना वजें अधूरा माना जाता है। लेकिन अब मैं उसे नहीं बनाता। दक्षिण गोवा के ज़्यादातर बेकरों ने उन्हें बनाना बन्द कर दिया है। अब उस कमी को म्हापसा के बेकर भर रहे हैं।" मुझे याद आए अनेक गाने तथा लोकगीत जिनमें गोडा पाव का ज़िक्र किया जाता था। वे गीत मुझे आज तक याद हैं।

मोगा जालेम तें जावं म्हजो गोडाचो पाव।

(मेरी प्यारी, चलो पुरानी बातों को भूल जाओ मेरी मीठी ब्रेड। अगर तुम मुझे आज छोड़ दोगी तो मैं अपने को ख़त्म कर लूँगा)।

यह तो होगा ही कि लोग अपनी प्यारी ब्रेड को अपने प्रेम गीतों का हिस्सा बनाएँ। ऐसा कैसे हो सकता है कि प्यारी पाव-रोटी का मेटाफर प्रेम गीत में न आए?"

मैन्युएल यह सब बोल ही रहा था कि एक मोटरसाइकिल पर पाव-रोटी बेचने वाला आ पहुँचा।

मिठू उत्साह से चिल्लाई—"देखो एक और बेकर आया?"

यह सुन मैन्युएल थोड़ा दुखी हो गया और कहने लगा, "अरे बेटी, वह बेकर नहीं है वह सिर्फ़ ब्रेड बेचता है। मैं बेकर हूँ। मैं ब्रेड बनाता हूँ।"

मेरा साला ब्रेड बेचने वाले को देख अचम्भे से बोला, "यह मोटरसाइकिल पर ब्रेड बेचता है?"

"हाँ जी! कुछ लोग तो चार पहिया गाड़ियों में भी ब्रेड बेचते हैं और पाँच सितारा होटलों को सप्लाई करते हैं। साइकिल वाले गाँवों में बेचते हैं, और जो दुकानों में और छोटे होटलों में बेचते हैं वे मोटर-साइकिल का इस्तेमाल करते हैं।"

"जो ब्रेड बच जाती है उसका क्या होता है?"

मैन्युएल के पास इसका भी जवाब तैयार था। तुरन्त बोला, "कुछ भी बर्बाद नहीं होता है। जो भी बचता है, उसे छोटे टुकड़ों में काटकर टोस्ट बना लेते हैं। उसकी भी बहुत माँग है।"

शाम के पाँच बज चुके थे और दिन भर की मेहनत-मशक्कत के बाद कामगार घर लौट रहे थे। वे सीधे बेकरी की ओर आते दिखे। उनमें से ज़्यादा प्रवासी मज़दूर थे।

"ऐसा लगता है इन लोगों ने भी गोवा के लोगों की तरह ब्रेड से प्रेम करना सीख लिया है।"

"ना-ना, ऐसा नहीं है।" मैन्युएल काम के बीच से ही सर उठाकर बोला, "गोवा के लोग स्वाद बढ़ाने के लिए ब्रेड खाते हैं और ये बेचारे इसलिए क्योंकि बाक़ी खानों से यह सस्ता होता है और भूख भी पर्याप्त ढंग से मिटा देता है।"

मैन्युएल की बेकरी छोड़ने से पहले मैंने वहाँ से गुड़ और नारियल से बनी गर्म, मीठी पोई और बच्चों के लिए कंगन उठा लिये।

शाम को जब हम फिर बैठे तब मेरे साले ने दोबारा ब्रेड का विषय उठा लिया, "तुम तो कह रहे थे कि एशियाई महाद्वीप में पहले-पहल ब्रेड बनाने वाला मैज़ोर्डा का लड़का था लेकिन यूरोप में तो ब्रेड बहुत पहले से ही मिलती रही होगी। मन में यह उत्सुकता है कि जानें—पहली ब्रेड कहाँ बनी होगी?"

"मुझे जहाँ तक पता है कि बाइबिल में लिखा है—ईश्वर ने आदम और हव्वा से कहा, "अपने चेहरे के पसीने से तुम ब्रेड बनाकर खाओगे। वही पाव-रोटी का पहला ज़िक्र है। सोचने वाली बात है गोवा की भाखरी और रोटी, भारत की चपाती और अरब देशों का खाबूस क्या ब्रेड नहीं हैं?"

"और उस ब्रेड के बारे में क्या कहना है जो होली मास (पवित्र धर्मसभा) के समय कैथोलिक भक्तों की जीभ से छुआई जाती है? उसे कौन सा बेकर तैयार करता है?" गुरु ने पूछा।

"वह? अरे वह तो जीसस (यीशु) के शरीर का अंग माना जाता है जिसे ब्रेड के रूप में भक्तों की जीभ पर रखा जाता है। वह ब्रेड पवित्र होती है इसीलिए उसे चर्च में ही तैयार किया जाता है बिना सुर, खमीर या मैदा के। गेहूँ से बने गोल आकार के वेफ़र जैसी ब्रेड होती है वह जिसे पार्तीकुलाँ (मेज़बान) कहा जाता है।"

इस विषय में मंजरी की गहरी रुचि देखते हुए मैंने बात आगे जारी रखी—"सुनो मंजरी, यीशु ने अपनी ब्रेड के अनेक हिस्से किए और अपने अनुयायियों में बाँट दिया। उसी की याद में आज पादरी भक्तों को ब्रेड खिलाते हैं। गोवा में इसे मेज़बान कहते हैं।"

रात के खाने के बाद बच्चे कहानी सुनाने की माँग दोहराने लगे।

मंजरी का सुझाव था कि यीशु की कहानी सुनाई जाए। कैसे

उन्होंने ब्रेड के हिस्से अपने शिष्यों में बाँटे और उनका पेट भरा। तभी शीला आ गई और कहने लगी, "सुनो, तुम्हारा कोट और तुम्हारे कपड़े जो उस पुरानी पेटी में रखे हुए थे शायद कल रात चोरी हो गए हैं।"

"ओ। कोई बात नहीं। उन्हें तो वैसे भी हमने दान देने के लिए ही रख छोड़ा था न? एक कहावत है न—सुलछे पोदेरन खावयू (दक्षिण के उस बेकर को लाभ मिलने दो)।" इसके बाद मुझे अद्भुत लेखक ल्यूसिओ रोड्रीगॅस की लिखी एक कहानी याद आने लगी।

"मंजरी, तुम यीशु की कहानी तो किसी भी किताब में पढ़ लोगी बेटा, इसलिए मैं तुम्हें आज एक अलग कहानी सुनाता हूँ—सुलच्या पदेरान खावूँ पोदेर की। ठीक?"

इस पर गुरु ने पूछा, "सुल का मतलब क्या होता है?"

"यह पुर्तगाली से निकला शब्द है। सुल का मतलब दक्षिण-कारवार, मंगलोर, कोचीन है। ये शहर गोवा के दक्षिण में अब स्थित हैं। क्या तुमने इनकी छतों पर छवाई गई टाइलें देखी हैं? इन्हें सुलचे नले कहते हैं क्योंकि ये मंगलोर से लाई गई हैं। अब मुझे बीच में टोकना मत प्लीज़, कहानी सुनाते रहने देना।"

सब चुप, एकाग्र होकर कहानी सुनने लगे।

"ये बहुत पुराने ज़माने की कहानी है। उन दिनों गोवा में नमक का एक बहुत कंजूस व्यापारी हुआ करता था। धन कमाने के उद्देश्य से वह पातमारी (बड़ी नौकाओं) में नमक के बोरे लदवाकर उन्हें दक्षिण दिशा में बेचने के लिए भेजा करता था। उसकी पत्नी सीधी-सादी थी। उनके कोई बच्चा नहीं था। पता है, वह कंजूस क्या करता था? रोज़मर्रा के ख़र्च के लिए वह थोड़े-से पैसे रखकर बाक़ी से सोने के सिक्के ख़रीदता था और उन्हें एक मर्तबान में बन्द कर देता

था। कभी-कभार वह मर्तबान को ख़ाली कर अपने पैसे निहारता था और अपनी युक्ति पर ख़ुश हो उन्हें दोबारा मर्तबान में बन्द कर देता था। कुछ दिनों बाद मर्तबान ऊपर तक भर गया। अब कंजूस को यह डर सताने लगा कि अगर किसी को उसके इस छिपे धन के बारे में पता चल गया तो लोग उसके पीछे पड़ जाएँगे। उसे चुराने की कोशिश करेंगे।

एक रात उसने सपना देखा कि एक चोर उसका सोना लेकर फ़रार हो गया है। थरथराते हुए वह अपनी नींद से उठा। उसे देख कर राहत मिली कि उसका धन सुरक्षित था। लेकिन अफ़सोस, राहत के पल ज़्यादा देर बरकरार नहीं रहे क्योंकि वह फिर से परेशान हो तुरन्त सोचने लगा कि क्या होगा अगर उसकी भोली पत्नी को कोई जालसाज ठग ले और उसके धन का राज उगलवा ले? उसने सोचा वह इस धन की सुरक्षा के लिए अब घर में ही बैठा रहेगा और कहीं नहीं जाएगा। इस तरह घर में बैठे रहने से, इतनी चिन्ता करने से, वह बीमार होने लगा। उसे अब न भूख लगती थी, न नींद आती थी। लिहाज़ा उस हट्टे-कट्टे आदमी की काया सिकुड़ने लगी।

यह देख उसकी चिन्तित पत्नी ने डॉक्टर को बुला भेजा। डॉक्टर ने मुआयना करने के बाद उसमें कोई रोग नहीं पाया। उसके मन में आया कि वह कंजूस से पूछे—क्या तुम्हें किसी तरह की चिन्ता खाए जा रही है? या तुम्हारे ऊपर भारी क़र्ज़े का बोझ है? लेकिन उसने उससे कुछ नहीं पूछा और उसकी पत्नी को सलाह दी कि अगर यह महाशय अपनी चिन्ताओं से पार नहीं पाएँगे तो यह कभी भी स्वस्थ नहीं हो पाएँगे।

यह सुनकर कंजूस और घबरा गया। उसने बहुत सोच-विचार करने के बाद अन्ततः तय किया कि वह जीना चाहता है, चिन्ता में

घुल-घुलकर मरना नहीं। लेकिन इसके लिए उसे अपने छुपाए हुए धन से मुक्ति पानी होगी।

उसने सोने का मोह त्याग दिया लेकिन अब वह उस सोने को कैसे निपटाये, कहाँ फेंके यह समझ में नहीं आ रहा था। दान उसके बूते की बात नहीं थी, एक कंजूस को दान से कैसा सरोकार? फिर उसके दिमाग़ में एक विचार आया।

उसने मर्तबान के ढक्कन को कसकर बाँध दिया और उसे नमक के एक बोरे में ठूँस दिया। फिर पातमारी में चढ़वाकर सोने के सिक्कों को भाग्य के भरोसे छोड़ दिया।

कुछ दिनों के बाद पातमारी मंगलोर की गोदी में रुकी। गोवा के कई लोग मंगलोर में बस गए थे। उन्हें आदतन गोवा का नमक ही पसन्द आता था। इसलिए वे बिना मोलभाव किए पातमारी से आए गोवा के नमक को ही ख़रीदते थे। एक बेकर भी उन नमक ख़रीदने वालों में शामिल था। उसने संयोग से वही बोरा उठा लिया जिसमें सोने के सिक्के रखे थे। अब बात तो यह है कि जिस व्यक्ति ने कभी इतना सोना न देखा हो वह यकबयक इतना सोना देख कैसा महसूस करेगा? ठीक वैसा ही बेकर ने महसूस किया। वह बेहद ख़ुश हुआ। लेकिन फिर उसे तुरन्त लगा कि शायद कोई ग़लती हो गई है। किसी का धन खो गया है। कोई-न-कोई तो जल्द पहुँचेगा ही इस खोए हुए धन की खोजबीन करने।

जब कई दिन बीतने पर भी कोई नहीं आया तो उसके भीतर का लालच अपने पंख पसारने लगा। वह रोज़ उन सिक्कों को गिनने लगा और ख़ुश होने लगा। उसने इसे क़िस्मत का आशीर्वाद समझा और सिक्कों को अपने पास रखना तय किया। लेकिन वह सज्जन पुरुष था। क्या करता...जल्द ही उसकी अन्तरात्मा उसे धिक्कारने लगी; यह सोना

तो किसी और का है, मेरा इस पर कोई अधिकार नहीं। अब लेकिन करूँ क्या? बहुत सोच-विचार के बाद उसे एक युक्ति सूझी। उसने एक सुन्दर केक बनाया और उसे दो भागों में काटकर अन्दर सिक्के भर दिए। फिर उसे पातमारी के कप्तान को भेंट कर दिया। कप्तान केक पाकर बहुत ख़ुश हुआ। उसने केक को प्रदर्शन करने वाले काँच के बक्से में रख दिया और सभी को गर्व से उसकी सुन्दरता दिखाने लगा।

कुछ हफ़्तों बाद पातमारी गोवा और मंगलोर के बीच यात्रा करने लगी।

एक दिन कप्तान ने देखा कि केक पर फफूँद लग रही है। उसने उसे समुद्र में फेंकने का निर्णय लिया। लेकिन मंगलोर पहुँचने के बाद उसका विचार बदल गया और उसने उतरकर उसे एक ग़रीब मछुआरे को दे दिया। वह ग़रीब बहुत ख़ुश हो गया लेकिन फिर उसने भी विचार किया—खाने से बेहतर होगा—मैं इसे बेच आऊँ और कुछ पैसे कमा लूँ। इसके बाद वह उसी बेकरी पर पहुँचा जिसके बेकर ने इसे बनाया था। बेकर हैरान रह गया। वह केक को अन्दर ले गया और उसे काटकर देखा...सोने के सारे सिक्के वहीं मौजूद थे। इसके बाद उसे यक़ीन हो गया कि सोने के सारे सिक्के उसी की क़िस्मत में थे। उसने मछुआरे को एक सिक्का देकर विदा किया और बाक़ी सिक्कों का ख़ूब समझदारी से उपयोग किया। बेकर अन्त-अन्त तक बहुत सुकून और शान्ति से जिया। इसी कहानी से यह लोकोक्ति जन्मी—सुलच्या पदेरान खावूँ।

कहानी जैसे ही ख़त्म हुई बच्चे खर्राटे भरने लगे। अगली सुबह मंजरी ने उठते ही घोषणा कर दी, "मैं तो अपनी पढ़ाई पूरी कर बेकर ही बनूँगी!"

अनुवाद : वन्दना राग

चित्र : सुबोध केरकर

भानुकुल का रसोई राग

कलापिनी कोमकली

एक जानी-मानी कहावत है—सुबहे बनारस, शामे अवध और शबे मालवा। यह वह भू-भाग है जहाँ की आबो-हवा प्रदेश के दूसरे भागों की तुलना में शीतल, सन्तुलित और रम्य है। तो मेरा जन्म ऐसे 'मालवा' में हुआ जहाँ की काली माटी भरपूर उपजाऊ है साथ में डग-डग पर पानी भी।

मैं जिस परिवेश में जन्मी और पली-बढ़ी वहाँ चहुँओर स्वर गुंजायमान थे। जिस तरह संगीत के घरानों की ख़ूबियों को सराहा जाता रहा, उसी तरह अलग-अलग संस्कृति के खानपान का भी ऐसा अनूठा संगम रहा कि क्या कहा जाए!

बाबा यानी मेरे पिता पं. कुमार गन्धर्व कर्नाटक में जन्मे थे और उनकी संगीत-शिक्षा मुम्बई में हुई थी, अत: उनके खानपान की आदतों में कन्नड़ और मराठी व्यंजन मुख्य रहे।

भानुमति जी—बड़ी माँ—मूलत: सारस्वत यानी तटीय कर्नाटक की थीं। लेकिन उनका जन्म कराची में हुआ था और शिक्षा-दीक्षा मुम्बई में हुई थी, तो घर में कुछ सारस्वत प्रकार और कुछ सिन्ध प्रान्त के व्यंजन आए थे।

भानुमति जी के निधन के उपरान्त कुमार जी का विवाह

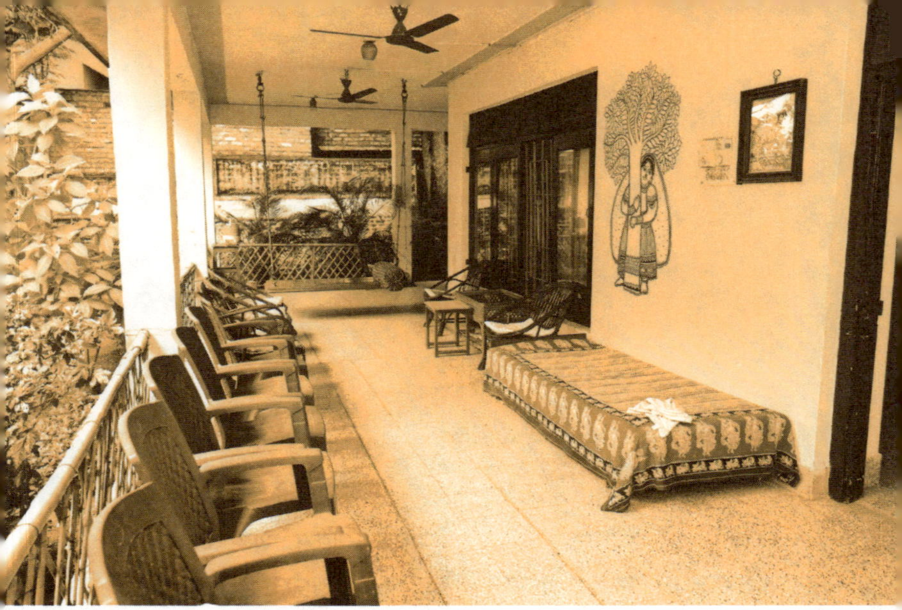

वसुन्धरा जी—मेरी माँ—से हुआ। एक ओर तो उनकी पैदाइश मराठी परिवार में हुई और शुरुआत की पढ़ाई-लिखाई कलकत्ता में हुई जिसके बाद वे संगीत सीखने मुम्बई आ गईं। तो उनके पसन्दीदा व्यंजनों में मराठी पाककृतियों के साथ-साथ बंगाल की छौंक और विशिष्ट पाककृतियाँ भी रहीं।

कुमार जी, भानुमति जी और वसुन्धरा जी अपने-अपने जीवन के पड़ाव पार करते हुए अन्ततः 'मालवा', देवास आकर बसे और सच कहूँ तो यहीं के हो गए।

क्योंकि आई, बाबा की तबीयत का ख़याल रखते हुए ही ज़्यादातर व्यंजन बनाती थी। एक संगीतकार का घर होने के कारण भोजन में खटाई, मिर्च, तेल की अधिकता कभी नहीं रही। जिन खट्टी चीज़ों से आवाज़ बैठने का डर हो, जैसे—इमली, नीबू, जामफल, खट्टे अंगूर आदि का परहेज़ रखा जाता। लेकिन तरह-तरह के अचार-मुरब्बे ज़रूर बनते थे। ख़ूब तली हुई चीज़ें खाने-खिलाने का शौक़ स्वाभाविक ही

कम था। ज़्यादातर मराठी-कर्नाटक पद्धति में घुला सन्तुलित भोजन ही बनता था।

हमारे घर में 'पाककला' निपुणता को पाने की दौड़ तो नहीं थी, पर हाँ, जो भी व्यंजन बनते वे बेहद सुरुचिपूर्ण और मँजे हाथों से बनते।

जहाँ तक मेरी याददाश्त पीछे जाती है, मेरा 'पाककला' के साथ साबका तभी से पड़ा जब मैं मुश्किल से तीन-चार साल की रही होऊँगी।

मुझे सँभालने के लिए जो दाई माँ थीं उनका नाम था नूरबानो, यानी हमारी नूर अम्मा! वे बेहद साफ़-सुथरी, गोरी-चिट्टी थीं। सफ़ेद-झक सलवार-कमीज़ के साथ सर ढकता मलमल का दुपट्टा ओढ़ती थीं, और हाथ में होती थी हज़ से लाई तसबीह (जपमाला)! अपनी काँपती आवाज़ में वे तरह-तरह से मेरा मन रमाने की जुगत भिड़ाती रहतीं।

आई ने रसोईघर से सम्बन्धित खिलौने जिन्हें मराठी में 'भातुकली' कहते हैं, लाकर दिए थे। उनमें तमाम तरह-तरह के खाना बनाने के बर्तन, जैसे थाली, कटोरी, खोचा, पलटा, तवा, चूल्हा, गैस, चाय-दूध के बर्तन, चिमटा, सँड़सी, से लेकर कप-प्लेट, टेबल-कुर्सी...सब... सब...था। और मैं नूर अम्मा के साथ इन बर्तनों में झूठमूठ का खाना बनाती। अम्मा के तमाम झुर्रियों से भरे हाथ और काँपती आवाज़ आज भी ज़ेहन में है।

वो कहतीं...

हाँ, अब कढ़ाई में तेल डालो...रुको, उसे गरम होने दो...हाँ, अब जीरा डालो...अब...ये...अब...वो...और इस तरह से मेरी ट्रेनिंग शुरू हुई, यानी नूर अम्मा मेरी पाककला की पहली गुरु बनीं।

घर में हमेशा सात्त्विक, रुचिपूर्ण और शाकाहारी भोजन बनता आया है। आई के हाथों से बनी सुस्वादु 'आमटी' (विशिष्ट तरह की खट्टी-मीठी दाल) और घड़ी-ची पोळी (दूसरे शब्दों में बिना घी-तेल का पराँठा, जो महाराष्ट्रियन भोजन की विशिष्टता है) का कोई तोड़ आज तक तो नहीं मिल पाया है।

घर में बाबा-आई, बड़ा भाई मुकुल दादा और मेरे अलावा एक महत्त्वपूर्ण व्यक्ति था और वह था—कण्णा मामा यानी कृष्णन नम्बियार! वह मूलत: केरल का था और भानुमति जी के साथ देवास आया था। वह घर का सबसे सम्माननीय बुज़ुर्ग था जिसे तरह-तरह के कामों में महारत हासिल थी। वह आई के साथ हमेशा रसोई में भी हाथ बँटाता था और उसकी कुछ 'पाककृतियाँ' अब हमारी अभिन्न 'धरोहर' में गिनी जाती हैं।

एक कहावत है, 'गवैया सो खवैया'।

लेकिन सच कहूँ तो बाबा-आई का मामला बिलकुल उलटा था।

वे हमेशा बेहद नपा-तुला शाकाहारी खाना खाते थे। हाँ, उन्हें दूसरों को खिलाने का बेहद शौक़ था।

बहुत पुरानी (1947 से) एक चोपड़ी (डायरी) थी जिसमें बेहद ख़ास पाककृतियाँ लिखी थीं। इस चोपड़ी में सिन्ध, महाराष्ट्र, कर्नाटक, पंजाब, आदि प्रान्तों की चुनिन्दा पाककृतियाँ समय-समय पर जुड़ती चली गईं।

जिस तरह संगीत के विद्यार्थियों के लिए 'भातखंडे संगीत पद्धति' का महत्त्व है, पाककला के सन्दर्भ में मेरे लिए यह चोपड़ी किसी 'गीता' से कम नहीं थी। धीरे-धीरे इस एक चोपड़ी की कई चोपड़ियाँ बनती चली गईं और अलग-अलग प्रान्तों के अलावा अलग-अलग संस्कृतियों के व्यंजनों की शिरकत होती गई, जो आज भी जारी है।

खाने की मेज़ पर थाली में भोजन किस तरह और कैसा परोसा जाए इसका भी एक अलिखित शास्त्र है। और उसी प्रकार से थाली सजती है।

एक बात ख़ास थी कि घर में जो भी व्यंजन बनते वे सभी के लिए एक समान होते और हम बच्चों को भी थाली में परोसा गया हर पदार्थ खाना अनिवार्य होता था। इसमें कोई रियायत नहीं थी।

करेला हो, कटहल हो, मद्रासी रसम हो, सारस्वत तमळी हो, बेलगाँव की पचडी-हुग्गी हो, भाकरी (ज्वार-बाजरा की रोटी) किकोड़े (करटोली) हो, बंगाल का बैंगुनभाजा हो...सब खाना ही पड़ता था। उससे एक बढ़िया बात यह हुई कि हमें सब चीज़ें चखने की आदत बनती गई।

मुझे याद है, बचपन में स्कूल के टिफिन में मैं करेले की सब्ज़ी ले जाने का आग्रह करती थी।

वसुन्धरा ताई शादी के बाद 1963 में जब मुम्बई से देवास आईं

तो अपने साथ इडली की दालें इत्यादि पीसने वाला पत्थर का रगड़ा लेती आईं। उन्हें दक्षिण भारतीय व्यंजनों से बेहद लगाव था। देवास छोटा शहर था, पता नहीं दालें आदि पीसने की व्यवस्था हो-न हो। (तब घरों में Mixer-Grinder नहीं होते थे) तो वे रगड़ा ले आईं और बरसों तक मुझे याद है कि उसी पर काम चलता रहा।

घर में लम्बे समय तक गैस का उपयोग मुख्य रूप से केवल चाय-कॉफ़ी बनाने के लिए ही होता था। मूल खाना तो कोयले की सिगड़ी (अँगीठी) पर ही बनता था। आई सुबह का नाश्ता होने पर सिगड़ी जलातीं और देर दोपहर में गरमागरम घड़ी की रोटी (चपाती) या कभी-कभी 'कडेले' (मिट्टी का बारीक छेद वाला तवा) पर फुल्के

बनाकर परोसतीं। ख़ासकर बाबा जब कार्यक्रम करके कई दिनों बाद घर लौटते तो थके होते थे, उन्हें आमटी-भात (दाल-चावल) के साथ सब्ज़ी-कोशिम्बिर और गरमागरम 'घड़ी-ची पोळी' परोसकर वह तृप्त कर देती थीं।

'मितव्ययिता' का अर्थ उन्होंने बख़ूबी समझा था। उन्होंने कभी भी पहनावे में, रहन-सहन में, भोजनादि के शौक़ में अतिरिक्त दिखावा या 'अतिरेक' नहीं किया। उनके व्यक्तित्व में सगुण सौन्दर्य की रसिकता भी थी और निर्गुण का भाव भी।

सिगड़ी की बात चली है तो एक और ख़ास बात बताती हूँ—तब, यानी '60-'70 के दशक में गैस जलाने के लिए लाइटर नहीं होता था। एक छोटी सी घासलेट (केरोसिन) से जलने वाली चिमनी 24 घंटे रसोईघर के कोने में जलती रहती थी। ब्रुकबॉन्ड चाय के ख़ाली हो चुके काग़ज़ के डिब्बे की कण्णा मामा बैठे-बैठे लम्बी पट्टियाँ काट देता था, जिनका उपयोग हर बार माचिस की तीलियों के बजाय, उस छोटी सी चिमनी से सुलगाकर गैस जलाने के लिए किया जाता था।

हमारे यहाँ एक घट्टी भी थी जिसे 'घर-काम' करने वाली अजुध्या बाई से आई ने पीली मिट्टी से लिपवाकर 'पाल' (घट्टी के चारों ओर बनी ऐसी कोर जिससे पीसा हुआ आटा ज़मीन पर न गिरे) तैयार करवा ली थी। बीचोबीच लकड़ी की एक 'मकड़ी' होती थी जिसके सहारे उसे घुमाया-पीसा जा सके। उसी घट्टी पर (महाराष्ट्रियन व्यंजन) 'चकली' का आटा पीसा जाता था। और सच कहूँ...ऐसी खस्ता चकली बनती कि...

'60-'70 के दशक में भी देवास छोटा शहर था। आज की तरह बारहों महीने सभी प्रकार की तरकारियों का मिलना दुर्लभ होता था। मुझे याद है...ठंड के मौसम में जब टमाटर बहुतायत आते थे, आई

और कण्णा मामा चौक में बड़ी अँगीठी पर टोमॅटो सॉस हम बच्चों के लिए बनाते, हद तो तब हो गई जब बाबा के आग्रह पर उसने पूरे 100 औषधियों से युक्त च्यवनप्राश घर पर बना डाला!! और वह भी पूरे तीन दिन खपाकर!

खाने की मेज़ पर हमेशा ही कोई-न-कोई मेहमान या उसी समय 'पधारने' वाला 'आगन्तुक' रहता ही था, जिसे हमारी आई ने कभी अन्यथा नहीं लिया। बाबा बहुत सलीके से धीरे-धीरे, स्वाद लेते हुए... वाह...! वाह...! कहते हुए भोजन करते और पसन्द आई छोटी से छोटी चीज़ भी ख़ूब तारीफ़ पाती!

एक बार की बात है—हमारे घर के आम के पेड़ पर कैरी नहीं

आई थी और एकाएक एक दिन कहीं से एक कैरी टपकी मिली। उस एक अकेली कैरी को बाबा ने धारवाले चाकू से तराशा, लम्बी-लम्बी चक्तियाँ काटी, नमक-लाल मिर्च लगाई और खाने की मेज़ पर बैठे सभी लोगों को परोसा! वह भी आहाहा...वाह...के साथ। उनका यह छोटी से छोटी चीज़ को सराहने का स्वभाव बहुत लाजवाब था।

'भानुकुल' के दरवाज़े स्वागत के लिए हमेशा खुले रहे हैं। देवास में बाबा के घनिष्ठ मित्र साहित्यिक-पत्रकार राहुल बारपुते, चित्रकार गुरुजी चिंचालकर, चित्रकार सज्जातज्ञ चन्दू नाफड़े, नाटककार बाबा डीके, कवि-साहित्यिक अशोक वाजपेयी, लेखक-नाटककार पु. ल. देशपांडे, गायक वसन्तराव देशपांडे, पद्मकुमार मंत्री, पत्रकार प्रभाष जोशी, रामू भैया दाते परिवार के सदस्यों से लेकर देश के विभिन्न भागों में रहने वाले प्रियजन और तमाम कलाकारों का आना-जाना हमेशा लगा रहता था!

मेरी स्मृति में कभी पं. रविशंकर जी और उ. अल्लारखा खाँ साहब आए हैं, उन्हें कार्यक्रम के बाद अलसुबह आगे निकलना है... तो देर रात मेज़ पर आई भोजन परोस रही है। तो कभी पं. भीमसेन जी देर रात को बाबा के कमरे में गा रहे हैं, उपरान्त रात दो बजे भोजन! बड़ोदा के आर्किटेक्ट माधव आचवल और शिल्पकार र. कृ. फड़के कई-कई दिनों तक कुमार जी से चर्चारत हैं, तो नागपुर के कवि अनिल (आत्माराम रावजी देशपांडे) भी पन्द्रह दिन यहीं ठहरे हैं, तो कभी कव्वाल शंकर शम्भू भी आए हुए हैं, पु. ल. और वसन्तराव जी देशपांडे बाबा के कमरे में ही ठीया जमाए हैं।

एक बात ख़ास, कि इनमें से कभी किसी ने किसी चीज़ की अतिरिक्त फ़रमाइश नहीं की। बाबा के जन्मदिन पर आने वाले मित्र परिवारों के लिए घर पर ही चक्का बनाकर श्रीखंड बनता। मेरे और

मुकुल दादा के जन्मदिन पर भी हमारी पसन्दीदा पुरणपोळी और जलेबी बनती।

बाबा का कार्यक्रमों के लिए लगातार देश के सुदूर शहरों में आना-जाना चलता रहता। वे ज़्यादातर ट्रेन से सफ़र करते। फ़र्स्ट क्लास के डिब्बे में (उन दिनों ट्रेन में ए.सी. कम्पार्टमेंट नहीं होते थे) निचली बर्थ बाबा के लिए आरक्षित होती। दोनों तानपूरे बीच की चाय टेबल के दोनों ओर एक-एक खड़े करके बाँध दिए जाते या कई बार तो ऊपरी बर्थ पर लिटा दिए जाते।

उन दिनों आवाज़ का ख़याल रखते हुए घर से ही प्रवास में लगने वाला पानी का थर्मस और खाने का तीन डिब्बों वाला टिफ़िन साथ दिया जाता।

दो वक़्त का भोजन जिसमें आलू की सब्ज़ी, चटनी, दूध में आटा गूँथकर बनाई नरम चपाती (दशमी), बिना कटी सलाद, नमक, कुछ मीठा और सबसे ख़ास बेलगाँव का दही-चावल जिसे 'बुत्ती' कहा जाता है वह होता था। बाबा भी प्रवास में बड़े चाव से भोजन का आनन्द लेते। कभी अकेले तो कभी आई भी साथ रहतीं। कभी संगतकार भी उसी ट्रेन में जुड़ जाते। उस फ़र्स्ट क्लास के डिब्बे में वो टिफ़िन का (घर का) खाना आज भी मुँह में पानी ला देता है। परहेज़ को ध्यान में रखते हुए कभी भी बाबा-आई सफ़र के दौरान यहाँ-वहाँ कुछ खाते नहीं थे। कुछ नया प्रकार पसन्द आया हो तो घर आकर बताते और आई दिमाग़ दौड़ाकर हूबहू बनाने का प्रयत्न करतीं।

एक वाकया याद आ रहा है—

पारिवारिक मित्र एकनाथ कामथ जी और उनकी धर्मपत्नी निरुपमा से मिलकर बाबा बंगलोर से लौटे थे।

वे आई से बोले, "निरुपमा ने मुझे मक्खन सी मुलायम मूँग की

इडली खिलाई।" उन दिनों फ़ोन करना उतना सहज नहीं था, बल्कि उसकी आदत भी नहीं थी, और न ही मोबाइल का ज़माना जिसमें यूट्यूब पर पाककृतियों की भरमार हो। तो आई ने स्व-विवेक से जोड़-घटाव करके मूँग की मुलायम इडली बना ही दी।

मज़े की बात यह कि आई यह सब उसका ख़ुद का रियाज़-गाना—बाबा के साथ स्पेशल थीमेटिक कंसर्ट की तैयारी, बन्दिशों का नोटेशन करके करतीं। आज मैं यह सब सोचकर अचम्भित हूँ!

घर में शिष्य-मंडली का आना-जाना सदैव बना रहता। वे सब घर के सदस्य ही तो थे। रसोईघर में खाना बनाते-बनाते वह शिष्यों का रियाज़ सुनतीं। कई बार खाने की मेज़ (Dining Table) पर ही बाबा बैठे-बैठे गुनगुनाते रहते, आई को आवाज़ लगाते..."सुनो, यह देखो कितनी सुन्दर बन्दिश है!!"

'भानुकुल', यह घर चारों ओर से घने छायादार पेड़ों से घिरा है। तरह-तरह के फल-फूल के वृक्ष-पौधों से आच्छादित है। उसमें बाँस

(बम्बू) की वह प्रजाति भी है जिसे खाने में इस्तेमाल किया जाता है। आई के विशेष आग्रह पर इसे बाबा ने लगाया था।

1984-85 के दौरान भारत में बम्बू खिला था। यहाँ बताना मौज़ूँ होगा कि बम्बू में 40 साल में केवल एक बार ही फूल खिलते हैं; और जो बीज बनते हैं उन्हें 'बाँस के चावल' कहा जाता है। यह बिरले

चावल औषधीय गुणयुक्त होते हैं। तो बाबा को किसी ने 'बम्बू के चावल' लाकर दिये। स्वभाव के अनुसार उन्होंने निकट के परिचितों को बुला-बुलाकर खीरप्राशन करवाई। और आई ने सावन-भादों के महीने में ज़मीन से फूटने वाले ताजे बाँस की शानदार तरकारी बनाने का तरीक़ा खोजा और ताज़े नारियल के मसाले में बनने वाली 'भानुकुल स्पेशल' तरकारी ईज़ाद की।

जब बारिश की झड़ी लगातार कुछ दिनों तक जारी रहती तो एक बर्तन चौक में रख दिया जाता और आसमान से बरसते झमाझम की बूँदों को लेकर उसकी चाय बनाई जाती...बहुत निराला स्वाद होता था उस चाय का!!

जैसे-जैसे मैंने चौके में रुचि लेना शुरू किया, आई धीरे-धीरे मुझे चीज़ें सौंपती गईं। फिर भी उसके हाथ की बनी रोटी, आमटी, पुरणपोळी, चकली, सोलकढ़ी, तमाम अचार आदि आदि के बारे में क्या कहूँ?...क्या जादू करती थी वो...वाह! उसके हाथों से तो स्वाद झरता था। असल में सामग्री के साथ हम सबके लिए स्नेह का ख़ास छौंक जो डलता था!

अब समय बहुत बदल गया है। जिस तरह बहुत से राग और

उनकी बन्दिशों को रू-ब-रू गुरुमुख से समझना रह गया इसका मलाल है, उसी तरह बहुत कुछ बातें या यों कहें 'मक्खी' जानना रह गई। अब अपने दम पर राग और बन्दिशों को जानना-समझना है।

कई प्रकार के देशी-विदेशी व्यंजनों की जाजम बिछ गई है... घर की रसोई किसी लेबोरेटरी से कम नहीं। मुझे उन्हें आज़माना

बेहद पसन्द है। पिछले कुछ समय से मेरे साथ भतीजे—भुवनेश की पत्नी—उत्तरा साथ देने लगी है। उसने आई के धज तले कुछ-कुछ व्यंजन बनाने में महारत हासिल कर ली है।

अब, जब कुमार जी को हमारे बीच से गए 30 से अधिक वर्ष बीत चुके हैं, वसुन्धरा जी को भी गए छह वर्ष...'भानुकुल' में इन स्वादिष्ट बन्दिशों का संगीत तो गूँजता रहता ही है साथ में मालवी भोजन का तड़का भी काफ़ी हद तक जुड़ गया है।

पहले मालवी स्वाद के व्यंजन 'दाल बाफले', 'चूरमा' आदि यदा-कदा बनते थे। आज हम पर 'मालवा प्रभाव' के कारण कह लीजिए इनके आरोह-अवरोह नियमित गुनगुनाए जाते हैं।

माना कि हमारी जड़ें कर्नाटक, महाराष्ट्र, सिन्ध, बंगाल में हैं लेकिन भई हम तो मालवी हैं।

आलेख मूल रूप से हिन्दी में लिखित

चित्र : कलापिनी कोमकली

रचने वालों के साथ खाना

जया जेटली

भूली-बिसरी घटनाओं को खाने से जुड़ी यादों के साथ दर्शाने वाला सबसे लोकप्रिय साहित्य, शायद उसी किताब में दर्ज है जिसे मार्सल प्रूस्त ने *रिमेंबर्स ऑफ थिंग्स पास्ट* में शिद्दत से अंकित किया है।

19वीं और 20वीं सदी के शुरुआती दौर में प्रूस्त ने सात खंडों में इस क्लासिक की रचना की। किताब में चार्ल्स स्वान नाम का नायक, एक बार आयताकार टी केक के एक टुकड़े को खाता है, जिसके बारे में विवरण है कि वह मेडेलीन से बना है जिसे कुछ समय के लिए नीबू के फूलों से बनी चाय में डुबो कर रखा गया था। केक के टुकड़े को खाते ही नायक के भीतर बचपन की स्मृतियों का समृद्ध कोश खुलने लगता है। फिर गहरे दार्शनिक विश्लेषण जन्म लेने लगते हैं जो इस बात को स्पष्ट करते हैं कि कैसे युगों से सँजोयी स्मृतियाँ किसी ख़ास ट्रिगर से मुक्त हो, मनुष्य के भीतर से बाहर आने लगती हैं। इतना महत्त्वाकांक्षी तो नहीं रहा है मेरी यात्राओं और खाने का सम्बन्ध लेकिन आश्चर्यजनक रूप से यह भी सच है कि मेरी अनेक यात्राएँ इसलिए भी यादगार बन पड़ीं क्योंकि वैविध्य से भरा खाना उनका अविभाज्य हिस्सा रहा।

खाना कभी सबसे अहम नहीं रहा हमारे दिमाग़ में, लेकिन यात्राओं के अनुभव उस दौरान खाए गए खानों के बिना अधूरे प्रतीत होते हैं आज। खाना, उससे जुड़े लोग और उसकी विशिष्टता सबने मिलकर हमारे अनुभवों को समृद्ध किया है।

सन् 1978 में गुजरात से मैंने शिल्पकला और कारीगरी से जुड़ी अपनी यात्राओं को प्रारम्भ किया था। उस दौर में वहाँ हाइवे पर स्थित साधारण ढाबे भी बहुत साफ़-सुथरे, सुरक्षित और सस्ते होते थे। सादे खाने की एक थाली में बड़े आकार की रोटियाँ, बड़े कटोरे में भरी दाल, ख़ूब सारा सफ़ेद मक्खन, तली हुई नमकीन हरी मिर्चें और छाछ हुआ करता था जो सब का सब इतना ताज़ा मिलता था कि उसे दोबारा गर्म करने की ज़रूरत नहीं होती थी। कच्छ का इलाक़ा सूखा, धूल भरा और कँटीली झाड़ियों से आच्छादित रहता था। हमने उन दिनों बहुत सारे गाँवों का दौरा किया लेकिन गाँव होडका हमारा बेस कैम्प हुआ करता था, जो बन्नी भूभाग के विस्तार में बसा हुआ था। गाँव पहुँच हम ज़मीन पर बैठकर महीन कारीगरी से बनी रज़ाइयाँ, तोरण, चकले,

कंजीरी और घगरों को देर तक निहारा करते थे और उन्हें जिज्ञासा से पढ़ा करते थे। ये चीज़ें युवा लड़कियों और औरतों द्वारा तैयार की जाती थीं और उनके दहेज का हिस्सा होती थीं। हम उनके रंगों, उनके विन्यास और उनके समुदाय से जुड़े परम्परागत रूपांकन पर मनन करते थे और फिर बाद में उनके साथ सलाह-मशविरा कर शहरी बाज़ार को आकर्षित करने के बहुआयामी तौर-तरीक़ों पर सहमति बनाते थे। ऐसे तरीक़ों पर अमल करने की बात होती थी जिनमें स्थानीय कारीगरी की अस्मिता पर आघात न पहुँचे और परम्परागत सिलाई-बुनाई और रंग बने रहें। यह सब करने में समय तेज़ी से बीत जाता था और हम अचानक देखते थे कि देखे जा रहे कपड़ों का पहाड़ एक ओर फेंक दिया गया है और स्टील की थालियों ने उसकी जगह ले ली है। तीन खासे मोटे बाजरे के रोटले के साथ हरी मिर्च और प्याज़ एक संग पकाकर इस सब्ज़ीविहीन इलाक़े में सब्ज़ी का आभास दे दिया जाता था जिसे ख़ूब सारे मक्खन, असीमित वाड़कियों और छाछ के साथ

प्रेम के साथ खाया जाता था। भयानक लू से बचने के लिए सामने कटे हुए कच्चे प्याज़ का ढेर लगा दिया जाता था।

दूध से बनी चीज़ों को परोसने में उनकी उदारता देखते ही बनती थी। दरअसल ये सारे परिवार चरवाहों के परिवार थे। समुदाय की नंगे पैरों वाली औरतें ख़ामोशी से धूप में सुखाए उपलों पर बैठ रोटलों के इतने ढेर खड़ी कर देती थीं कि उनकी छवि अपरम्पार लगने लगती थी। आज होडका गाँव की हैसियत बढ़कर एक शानदार टूरिस्ट रिज़ॉर्ट की तरह हो गई है। यहाँ पारम्परिक संगीत, सैलानियों के लिए कलात्मक कुटीर, स्थानीय कलाकारों द्वारा शाम के मनोरंजन के लिए आयोजन और हमारे देखे 40 साल पुराने दिनों के रोटलों, दाल, मक्खन और छाछ के नए सजे-धजे अवतार की व्यवस्था रहती है।

कच्छ में हमारा दूसरा पड़ाव धमाड़का था और फिर अजरकपुर जो भुज के पास पड़ता है। वहाँ हमें सुविख्यात खत्री-परिवार के सदस्यों के साथ काम करने का मौक़ा मिला। मोहम्मद भाई सिद्दीकी जो परिवार के मुखिया थे, से शुरुआत कर हम उनके तीन बेटों, रज़्ज़ाक़ भाई, इस्माइल भाई और जब्बार भाई के साथ भी जुड़े। '90 के दशक से आज तक उनके कितने ही नाती-नातिनें, पोते-पोतियाँ हो चुके होंगे लेकिन आज भी मुझे उनका खिलाया लाल मिर्च का भरवाँ अचार, स्वादिष्ट मटन करी और एक ख़ास तरीक़े की दाल जिसमें से लहसुन और मसालों की चमत्कारिक सुगन्ध उठती थी और बाहरी दरवाज़े तक पहुँच जाती थी, बहुत याद आते हैं।

शुरुआती यात्राओं के दिनों में सौराष्ट्र अकालग्रस्त हुआ करता था। वर्ष-दर-वर्ष बारिश नहीं आ रही थी। उन्हीं दिनों अपने नन्हे बच्चों के साथ मैं 48-50 डिग्री तापमान में एक ए.सी. रहित गाड़ी में चला करती थी जो उस वक़्त साहसिक लगता था। मैं बच्चों को उन जगहों से

परिचित करवाना चाहती थी जिनमें मैं रहा करती थी, अपनी यात्राओं के दौरान। भीषण गर्मी थी और कोला पेय की एक बोतल तलाशते वक़्त हमें एक विचित्र-सा पेय मिला जिसका नाम सोसयो था। लेकिन उसे पीकर बात बनी नहीं और अन्ततः उस दिन 17 छाछ के गिलास पीकर बच्चों ने अपने गले को तर किया और गर्मी से अपना बचाव किया।

मुझे 'नेशनल कमीशन ऑफ़ वीमेन' ने उत्तर प्रदेश के दरी और कालीन-बुनाई के लिए सुविख्यात क्षेत्र मिर्ज़ापुर में औरतों के हालात जानने के लिए भेजा। वहाँ औरतों को अपनी उँगलियों के हुनर की बदौलत काम तो मिल जाता था लेकिन उनको मिलने वाली पगार बहुत कम और काम करने का वातावरण दुश्वारियों से भरा था। 700

औरतों का एक समूह था जिसमें आसपास के गाँवों से आने वाली औरतें थीं। ये औरतें हमारे साथ गए सरकारी अधिकारियों को लगातार अपनी ख़राब हालत की सुनवाई से सम्बन्धित याचिका पेश कर रही थीं। मैंने ख़ुद उनके काम करने की सँकरी जगहों और उनकी ग़रीबी की कहानी कहते घरों को देखा था। जब मैं वापस जाने के लिए स्टेशन की ओर चलने लगी तब उन औरतों ने ख़ास उत्सवी अवसरों पर इस्तेमाल होने वाले, अपने हाथों से बुने टोकरे मुझे भेंट किए और कहने लगीं, "आप पहली हैं जिन्होंने हमारे दुख-दर्द को सुना।" मैंने तभी सोचा, मैं क्यों न उनके लिए काम करने के बेहतर वातावरण और बढ़ी हुई पगार के लिए प्रयास करूँ?

समय गुज़रता गया। इसी बीच एक बैंक ने हमारी दस्तकारी हाट समिति से सम्पर्क किया और हमें अपनी पसन्द की किसी भी ग्रामीण विकास योजना को शुरू करने के लिए कुछ पूँजी देने की पेशकश की। उन दो लाख रुपयों की पेशकश और श्रीलंका से लाई हुई कलात्मक घास से बुनी टोकरियों को ले मैंने तय किया कि गाँव-गाँव जाकर कारीगर औरतों के बीच यह बात रखूँगी कि वे इस तर्ज़ की और सुन्दर टोकरियाँ बनाएँ। इस जानकारी को साझा करने के लिए हम कभी उन कारीगरों के घरों में बैठे, कभी आग उगलती गर्मी में हल्के छायादार आम के पेड़ों के तले। उन बैठकों के दौरान औरतों ने कच्चे आम तोड़ लिये थे और उन्हीं में से कोई चार रुपयों का जुगाड़ कर बाज़ार से एक सस्ता चाकू ख़रीद लाया था जिससे उन आमों की फाँकें की जा सकें। कोई दूसरा काग़ज़ की पुड़िया में नमक और लाल मिर्च की बुकनी ले आया और इस तरह काम के बीच तरोताज़ा होने के लिए हमें प्यारा सा खट्टा ब्रेक मिल गया था। इन बातचीत के सत्रों का उद्देश्य औरतों को अपने हुनर से पैसे कमाने के लिए प्रेरित करना था; कैसे

वे बाज़ारों में अपनी चीज़ों को बेच सकती हैं और अपने जीवन जीने के स्तर को बेहतर कर सकती हैं। ये जानकारियाँ आँख खोलने वाली थीं क्योंकि उन्होंने कभी नहीं सोचा था कि वे अपने बुनाई के हुनर से ढेर सारे पैसे भी कमा सकती हैं। बैंक की मदद से हमने बहुत सारी कार्यशालाएँ नामी डिज़ाइनरों के मार्गदर्शन में करवाईं और इतना सामान तैयार कर लिया कि दिल्ली में उसकी प्रदर्शनी लगा लें। कार्यशालाओं के लिए औरतों को उनके घरों से उनके पति या अन्य मर्द साइकिलों पर लेकर आए। और कार्यशाला के घंटों में जब औरतें अपने तैयार सामान में नए रंग एवं डिज़ाइन उकेरती थीं तो उनके साथ आए मर्द, अपनी औरतों के काम ख़त्म होने का इन्तज़ार करते हुए पेड़ों के नीचे सुस्ताते थे। हम जानते थे कि मर्द अपने घर की औरतों को मिलने वाले वज़ीफ़े के लिए उनका इतना सहयोग कर रहे हैं।

बहरहाल औरतों को ख़ूब मज़ा आ रहा था और वे बीच-बीच में मिलने वाले आइसक्रीम ब्रेक का बेसब्री से इन्तज़ार करती थीं।

मध्य प्रदेश ने खाने को लेकर अनगिनत सुन्दर यादों से भरा। जब भी मैं बाटिक डिज़ाइन के उत्थान के लिए काम करने, श्रीलंका की जानी-मानी डिज़ाइनर ईना डा सिल्वा के संग जाती जिनकी तस्वीर वहाँ ऑफ़िस में टँगी है तो उस तस्वीर की याद भी कर ली जाती जिसे मेरी युवा सहकर्मी चारु वर्मा ने उतारा था। तस्वीर में, मैं शहर के बाहरी इलाक़े में खुले आकाश तले एक ढाबे में मज़े से खाना खा रही हूँ। इस तस्वीर को याद कर हम हर बार ख़ूब हँसते थे।

दरअसल यह ढाबा एक छोटी नदी किनारे स्थित है और ख़ास व्यंजन, दाल-बाटी-चूरमा के लिए अत्यधिक प्रशंसित। बाटी एक कड़े गेंद की तरह होती है जिसमें भुने हुए आटे, सूजी, मसालों और बेसन का मिश्रण होता है। इसे खाते वक़्त चूर किया जाता है, फिर ऊपर से उसमें दाल ढारी जाती है और सभी को एक साथ मीसा जाता है। मैंने इस व्यंजन को खाने की इस पद्धति का यत्नपूर्वक पालन करने की कोशिश की और बुरी तरह असफल रही। वह पत्थर जैसी बाटी मुझसे टूटे-ना टूटती थी। सारे कारीगर मेरी परिस्थिति देख मन्द-मन्द मुस्कुरा रहे थे। तभी ढाबे का मालिक मेरी थाली पर टूट पड़ा और अपने विशाल तैलीय हाथों से मेरी बाटी को चूर करते हुए उस पर जल्दी से दाल ढारने लगा। मेरा दिल आशंकाओं से भरा जा रहा था लेकिन मैं उस शख़्स पर झूठी मुस्कुराहटें न्योछावर करती जा रही थी। चारु ने मेरे इसी मनोभाव को अपने कैमरे में क़ैद कर लिया था और इस पर लोगों ने ख़ूब तालियाँ बजाई थीं।

इसी प्रदेश में छोटे से न भूलने वाले शहर चंदेरी में हमारा अगला पड़ाव रहा था। चंदेरी में जहाँ एक ओर बेहद सुन्दर ऐतिहासिक इमारतें हैं वहीं हथकरघा पर काम करने वाले ग़ज़ब के हुनरमन्द कारीगर भी बसते हैं। ये कारीगर विविध रंगों से भरी महीन ज़री की साड़ियाँ तैयार

करते हैं। ऐसे ही हुनरमन्द कारीगर ज़ाहिर टुनटुनि हमारे मेज़बान थे। जब हम कारीगरों के परिवारों से मिलते हैं तो वे हमें हमेशा ही खाने के लिए आमंत्रित करते हैं। ज़ाहिर ने भी हमें आमंत्रित किया लेकिन इस बार हमने, मटन करी और किसी भी प्रकार के और खाने के बजाय, गुज़ारिश की—हमें फल खाने का मन है। उस भीषण गर्मी में आम, तरबूज़, केले और अंगूरों से भरे कटोरों ने हमें कितनी राहत दी क्या कहा जाए! अन्त में रंग-बिरंगे कटोरों को देख मेरे मन में शरारत उपजी। मैंने साथियों से कहा, "मेरी इन कटोरों के साथ ऐसी तस्वीर ली जाए जिसे देखने वाला समझे कि अकेले मैंने इन कटोरों में भरी चीज़ों को

उदरस्थ किया है।" ऐसा ही हुआ! अन्तिम दिन ज़ाहिर ने सुझाव दिया कि रामनगर झील के पास स्थित पुराना क़िला ज़रूर देखना चाहिए। हम सब गए और ज़ाहिर ने हमारे लिए इतनी उम्दा दाल, रोटियों के संग पकाई कि मानना पड़ा, ज़ाहिर न सिर्फ़ उम्दा कारीगर हैं बल्कि उतने ही उम्दा बावर्ची भी।

शान्त, सुन्दर झील के किनारे, भव्य क़िले के अवशेषों के बीच ज़ाहिर और उनकी टीम आटा गूँथ रही थी और एक बड़े भारी बर्तन में ऐसे दाल हँडोंड़ रही थी जैसे शादी-ब्याह के अवसरों पर बावर्ची किया करते हैं। हमने साथ लाए अख़बारों को बिछाया और काग़ज़ की प्लेटों में जमकर खाना खाया। प्यार और उत्साह से पकाई गई उस सादी दाल-रोटी का स्वाद किसी भी पाँच सितारा होटल के भोजन के स्वाद से कई गुणा बेहतर था।

ओडिशा के कारीगर अत्यन्त मृदुभाषी होते हैं। अपीन्द्र स्वाईं उसी रघुराजपुर गाँव के हैं जिसे यूनेस्को ने कलाकारों का गाँव नाम से विश्व विख्यात पहचान दी है। वे प्याज़-लहसुन नहीं खाते हैं। जब हमने उन्हें एक प्रदर्शनी के सिलसिले में दो हफ़्तों के लिए सिंगापुर

भेजा तो वे अपने साथ ढेर सारा चिवड़ा ले गए। हमने सिंगापुर के अपने मेज़बानों से अनुरोध किया था कि वे एक छोटा प्रेशर कुकर, राइस कुकर और स्टोव उनके कमरे में रखवा दें जिससे उनको मन का खाना पकाने की सुविधा मिल जाए। इस बात ने उनको हमारे प्रति प्रेम से भर दिया और उसके बाद वे जब भी दिल्ली हमारे ऑफ़िस में मिलने आते तो हमारे लिए अपने घर का बना वह स्वादिष्ट चिवड़ा हमेशा लाते। अगर मुझे पता होता कि उसे बनाने की विधि क्या है तो मैं उसे आपके साथ ज़रूर साझा करती। लेकिन मेरे बार-बार पूछने के बावजूद वे शरमाकर बहाने बनाने लगते और उलटकर मुझे आश्वस्त करते कि वे जब तक हैं इस चिवड़े की आमद पर कोई बन्दिश नहीं होगी और मैं कभी उसकी कमी महसूस नहीं करूँगी। इनके बरक्स प्रतिभाशाली रबीन्द्र बेहर अधिक महत्त्वाकांक्षी और साहसी हैं। वे प्रत्येक दिन पुरी के जगन्नाथ मन्दिर दर्शन करने जाते हैं और जब दिल्ली आते हैं तो जय जगन्नाथ का हुंकारा भर कमरे में घुसते हैं और ताड़ के पत्तों से बने डिब्बे में रखा प्रसाद पकड़ा देते हैं। जब हम उनके घर गए थे तो उन्होंने हमें अद्भुत स्वाद वाले केले खिलाए थे और अपनी शादी का वीडियो एक छोटे से कमरे में बड़े से स्क्रीन पर बहुत उत्साह से दिखलाया था। आतिथ्य सचमुच कैसी-कैसी सुन्दर शैलियाँ अपनाता है!

जम्मू एवं कश्मीर के पास एक विभाग हुआ करता था—तवाज़ा, जिसका मतलब ख़ातिरदारी होता है। यह विभाग उत्सवों एवं विशेष आयोजनों पर राज्य के महत्त्वपूर्ण अतिथियों की देखभाल करता है। वर्ष 2000 के बाद जब उग्रवाद कुछ थमा तब मैं वहाँ गई थी और गलियों में भटकते हुए एक ख़ास शिल्पकार का घर ढूँढ़ रही थी। इन्हीं गलियों में भारी रक्तपात हुआ था। जब मैं उस शिल्पकार का घर

ढूँढ़ रही थी तब एक घर के दरवाज़े को खोल, भीतर से एक सज्जन निकले जिन्होंने मुझे उस शिल्पकार का पता देते हुए, अपने घर एक कप चाय के लिए आमंत्रित किया और यह भी कहा कि अगर मैं चाहूँ तो उस शिल्पकार को वे अपने घर ही बुला लें। उसके बाद से जब भी वहाँ के शिल्पकार और कारीगर यह सुनते हैं कि हम वहाँ जाने के लिए अपनी फ़्लाइट बुक कर रहे हैं तो वे तत्काल ही हमें अनगिनत खानों के निमंत्रण दे देते हैं। सुबह के नाश्ते से, दोपहर के भोजन और रात के खाने तक सब की बुकिंग पहुँचने से पहले ही हो जाती है। पूरे खाने के अलावा चुटपुट खानों का भी भरपूर इन्तज़ाम रहता है; नमकीन और मीठे बिस्किट, केक, भुना चिकेन, अखरोट और सेब। और जब ठीक से परिवार के साथ खाने बैठे तो चावल के ढेर के साथ, सींक कबाब, तबाक माज़, रोगन जोश, रिस्ता, गुश्ताबा, चिकेन करी, यखनी और हाक साग के साथ एक मसनद भी खाने वाले को दे दिया जाता है जिस पर टिक कर इतने ढेर भोजन के बाद

खाने वाला आराम से पसर जाए।

हकीम ग़ुलाम मोहम्मद पारम्परिक हकीम और पेपरमेशी कलाकार हैं। वे सिर्फ़ श्रीनगर में हमें खाना नहीं खिलाते थे बल्कि घर लौटते वक़्त वे हमारे लिए क्रैब एप्पल (जंगली सेब) और शीशी बन्द शहद पैक कर देते थे। दिल्ली में हमारे साथ एक परियोजना पर अपने बेटे निज़ामुद्दीन के साथ काम करते वक़्त वे हमारे लिए स्वादिष्ट मीट और साग या क्रैब एप्पल के व्यंजन पकाते थे। और मेरे लाख मना करने के बावजूद मेरे लिए हमेशा ले आते थे। भोगल के इलाक़े में रहने वाले अनेक कश्मीरियों से वे सर्दी में खाए जाने वाले अनेक क़िस्मों के साग भी ले आते थे और प्रेमपूर्वक भेंट करते थे।

सुदूर उत्तर-पूर्व इलाक़ों की यात्राओं ने हमेशा ही नई चीज़ों से अवगत कराया। नए ढंग की जीवनशैली, नए ढंग का खानपान। मैं उन दिनों गूगल आर्ट्स एवं कल्चर टीम के लिए दस्तावेज़ीकरण का काम कर रही थी। मेरे साथ युवा सहकर्मी अंकित और प्रतिभाशाली फ़ोटोग्राफ़र सुबीनॉय भी थे। हम टोकरी-बास्केट बनाने वाले सैकड़ों

कारीगरों के घर जा चुके थे जब त्रिपुरा के पूर्व मुख्यमंत्री श्री राधाबिनोद कोइजायाँ ने हमें खाने का निमंत्रण दे डाला जो अद्भुत अनुभव रहा। जो भी मणिपुर के किसी भी उत्सवी भोज का हिस्सा रहा है वह जानता है कि कैसे वहाँ के लोग उत्सव के लिए ख़ास पोशाक पहनते हैं और बहुत सलीके से खाना पेश करते हैं। वे सर पर सफेद साफ़ा बाँधते हैं, फिर सफ़ेद कुर्तों के साथ ऐसी बुर्राक सफ़ेद धोती पहनते हैं जिसे देख मणिपुरी नर्तकों की संगत करते ढोल वादकों की याद आ जाती है। हर व्यंजन केले के साफ़ पत्ते पर रखकर पेश किया जाता है। कटोरियाँ भी केले के पत्तों से बनाई जाती हैं और किनारे रख दी जाती हैं। व्यंजनों में ख़ास क़िस्म के साग ज़रूर होते हैं और ऐसे व्यंजनों की बहुतायत होती है, जिन्हें स्वास्थ्य के लिए बहुत लाभप्रद बताया जाता। दालें बहुत हल्की होती हैं और मिर्चें बहुत तीखी। इनको खाकर यह विश्वास पुख़्ता हो जाता है कि भारत में खाना पकाना और पेश करना अच्छे सामुदायिक व्यवहार का पुख़्ता प्रमाण है और भारत के

स्नेही सांस्कृतिक व्यवहार का परिचायक।

और अन्त में थेमबाँग की उस अविस्मरणीय यात्रा का ज़िक्र कैसे न करूँ? थेमबाँग अरुणाचल प्रदेश के पश्चिमी कामेंग ज़िले का एक छोटा सा गाँव है जो 2,169 मीटर की ऊँचाई पर दिलकश पहाड़ों के बीच बसा है। पहाड़ों के नीचे घाटी में सुन्दर दिरंग नदी बहती दिखलाई पड़ती है।

थेमबाँग में मुख्य स्थल भव्य ज़ोंग क़िला है जो लकड़ी एवं पत्थर से 1100 ईस्वीं में बना था। यूनेस्को ने इसे धरोहर गाँव (हेरिटेज विलेज) का दर्जा दिया है। यहाँ के लोग मोनपा कहलाते हैं। इन्होंने सदियों से तिब्बती लोगों के साथ व्यापार किया है और याक का ऊन, मक्खन, चीज़ और घी का सौदा किया है। मोनपा, समुदायिक जीवन का बहुत सम्मान करते हैं और जैविक ढंग से सब्जियों की अनेक क़िस्मों को उगाते हैं। ये फलों के बागान भी लगाते हैं और सैलानियों के लिए होम स्टे यानी अपने घर पर प्रवास की व्यवस्था भी करते

हैं। अपने निजी जीवन के आवश्यक हिस्से की तरह ये हथकरघा का काम भी करते हैं जिसमें मेरी अतिरिक्त रुचि थी और जिसका मैंने गूगल आर्ट्स और कल्चर प्रोजेक्ट के लिए दस्तावेज़ीकरण भी किया। (https://artsandculture.google.com/project/crafted-in-india)। उस जगह की प्राचीनता के आकर्षण की तरह ही वहाँ का खाना भी अपनी विलक्षणता के कारण उतना ही आकर्षक था। आपको यक़ीन नहीं होगा कि हमारे खाने में क्या-क्या था! दोपहर के खाने में कूटू के पत्ते, चाइव (एक तरह की प्याज़) जंगली लीक (गंदना), दानेदार हरे पत्ते, लाल और हरी मिर्च की चटनी जिसे एमा दातसे कहा जाता है, चावल, जिसमें स्थानीय लाल चावल शामिल था, मछली का स्टू, भपाए डम्पलींग्स, दाल, भपाई पत्ता गोभी, हरी बींस (फलियाँ), स्थानीय साग और चिकेन करी, और तो और स्थानीय बेकरी में तैयार किया गया रागी ब्रेड भी उसी खाने में शामिल थे।

शिल्पकारी पर आधारित मेरी ज़्यादातर यात्राओं में खाने की विविध यादों का ऐसा जखीरा दर्ज होगा यह नहीं जानती थी। लेकिन जब आप कारीगरों और शिल्पकारों के परिवारों के संग इतने समय

तक, आत्मीयता से जुड़ते हैं तो यक़ीन कीजिए खाना खाए बिना उनके यहाँ से लौट नहीं सकते।

खाना आख़िरकार सिर्फ़ स्वाद नहीं, दोस्ती भी तो है।

अनुवाद : वन्दना राग

चित्र : दस्तकारी हाट समिति

लंगर : 'किसान नहीं तो खाना नहीं' आन्दोलन की धड़कन

अमनदीप सन्धु

वह 28 अगस्त का दिन था, जब करनाल के पास बस्तारा टोल प्लाज़ा पर किसान इकट्ठा हो हरियाणा के मुख्यमंत्री एम.एल. खट्टर का विरोध कर रहे थे और पुलिस ने उन पर पाँच बार लाठी चार्ज किया था। लाठी के ये प्रहार जानलेवा थे। बहुत सारे किसान घायल हुए। उनमें से एक थे 45 वर्षीय सुशील काजल जो पीठ पर अनेक चोटों के साथ घर पहुँचे। मार के कारण उनका पेट भी बुरी तरह सूज गया था। अगले दिन सुबह उनकी मौत हो गई। जिस वक़्त पुलिस लाठी चार्ज कर रही थी और सुशील काजल घायल हुए थे, उस वक़्त का किसी ने एक वीडियो बनाया था जो उनकी मौत के बाद लीक हो गया। उस वीडियो में साफ़-साफ़ दिखलाई पड़ा कि करनाल ज़िले का एस.डी.एम., अपने मातहत पुलिसकर्मियों को आदेश दे रहा था—'इन किसानों के सर फोड़ दो।'

एक किसान की मौत और उसके ज़िम्मेदार एस.डी.एम. का वीडियो देख लोगों के बीच भयानक ग़ुस्सा उपजा और किसानों ने करनाल अनाज मंडी में 7 सितम्बर को एक बैठक का आयोजन किया। इस पर प्रशासन ने सख़्त कार्यवाही करते हुए इंटरनेट और मोबाइल-सन्देश सेवाओं को बन्द कर दिया। लेकिन इससे किसानों का हौसला

कम नहीं हुआ और उनकी सभा में पूरे दिन किसानों का आना जारी रहा। किसानों के संगठन संयुक्त किसान मोर्चा ने माँग रखी कि दोषी एस.डी.एम. को निलम्बित किया जाए, मृतक काजल के परिवार के किसी योग्य सदस्य की अनुकम्पा नियुक्ति की जाए और घायल किसानों और किसानों के क्षतिग्रस्त वाहनों को मुआवज़ा दिया जाए।

प्रशासन ने इनमें से किसी भी माँग को नहीं माना।

यह देखकर 4.30 बजे के आसपास किसानों ने तय किया कि वे डिप्टी कमिश्नर के दफ़्तर का घेराव करेंगे। पुलिस ने इस अन्देशे को भाँप, चारों ओर बैरिकेड लगा रखे थे। किसानों का हौसला इस पर भी कम न हुआ और वे बैरिकेड लाँघकर जाने लगे। इंटरनेट बन्द हो जाने की वजह से 6 बजे के आसपास हम लोगों को किसान संयुक्त मोर्चा द्वारा सूचना मिली कि करनाल में लगभग दो लाख लोगों के लिए खाना, पानी और चाय का इन्तज़ाम करना है। इस पर दूसरों की तरह मैंने भी फ़ेसबुक पर इस बाबत एक सूचना डाल दी और ट्रैक्टर 2 लिख ट्विटर पर टैग भी कर दिया। मैंने इंस्टाग्राम पर सक्रिय दोस्तों को भी यह सूचना जारी करने को कहा। रात 7 बजे के आसपास स्थानीय गुरुद्वारे—गुरुद्वारा निर्मल कुटिया में सकारात्मक पहल होने लगी। 'खालसा ऐड' जो एक राहत पहुँचाने वाली संस्था है और जिसने अपनी सेवादारी के कौशल को किसान आन्दोलन के स्थलों पर खाना पहुँचा-पहुँचाकर सँवारा है, किसानों तक चाय-पानी पहुँचाने लगी। रात 10 बजे तक सभी सड़क पर बैठे आन्दोलनकारियों तक खाना पहुँचाया जा चुका था। इसके साथ ही यह भी यहाँ दर्ज करने वाली बात है कि दो दिन पहले मुज़फ़्फ़रनगर महापंचायत द्वारा हिन्दुओं और मुसलमानों के समुदायों ने 15 लाख लोगों के लिए खाने का बन्दोबस्त किया था।

इतिहास

जिस किसी ने भी किसी भी प्रकार का आयोजन किया है, ख़ासतौर से विरोध-प्रदर्शन जैसा आयोजन, वह जानता है कि उसे बहुत सारी चुनौतियों से जूझना पड़ता है। एक असंवेदनशील और किसानों के प्रति बेरहम रुख़ रखने वाली सरकार, जिसके साथ एक कॉरपोरेट मीडिया भीतर तक जुड़ी हुई हो, वह तो आन्दोलन को न सिर्फ़ नकारेगी बल्कि किसानों को—अलगाववादी, देशद्रोही जैसे अश्लील नामों से सम्बोधित भी करेगी ही। वही हुआ! लेकिन इस बार समाज इस झाँसे में नहीं आ रहा था और कृषि-क़ानूनों को समर्थन देने के बजाय किसानों को ही अपना समर्थन दे रहा था। दिल्ली की सरहद पर जो आन्दोलन हो रहे थे—सिन्घू, टिकरी, ग़ाज़ीपुर, पलवल और शाहजहानाबाद पर, वे विशाल आकार ले चुके थे और टोल प्लाजाओं, पेट्रोल पम्पों और पूँजीपतियों के बड़े गोदामों को ब्लॉक कर रहे थे। ये प्रदर्शन अपने आप में अद्भुत थे; इतनी कुशलता से इन्हें संयोजित किया गया और हड्डी गलाने वाली ठंड, भीषण गर्मी और भारी बरसात के बावजूद वे चलते रहे।

इन प्रदर्शनों को यूँ बनाए रखने वाली आख़िर क्या बात थी? किसानों का जज़्बा और उनका हौसला तो था ही, इसके अलावा जो व्यावहारिक बात रोज़-ब-रोज़ उन्हें थामे रखती थी वह थी लंगर की परम्परा—यानी सामुदायिक खाने की परम्परा।

लंगर दरअसल वह सामुदायिक रसोई होती है जहाँ साझा खाना पकता है और बहुत सारे लोगों को साझे ढंग से परोसा जाता है। इस परम्परा को गुरु नानक ने सिख धर्म में स्थापित किया था। यह कहा जाता है कि जब गुरु नानक छोटी उम्र के थे तो उनके पिता

ने उन्हें उस वक़्त के हिसाब से 20 रुपयों की बड़ी रकम दी और कहा—जाओ इससे सौदा करो और मुनाफ़ा कमाओ। रास्ते में गुरु को कुछ विद्वान मिले जो भूखे थे। नानक ने अपने मन में सोचा कि भूखे लोगों को खाना खिलाने से बड़ा कोई सौदा नहीं। सौदे का कोई

हासिल नहीं। इसी बात से लंगर खिलाने की परम्परा का जन्म हुआ। गुरु ने बताया कि लंगर एक पंगत में बैठकर खिलाया जाए, जिसमें धर्म, जाति, उम्र, लिंग और रंग का भेदभाव न हो, बस संगत और बराबरी का एहसास हो।

लंगर की परम्परा अब 500 साल पुरानी है पर अभी भी उतनी ही चुस्त और स्वस्थ बनी हुई है। यह लंगर की ताक़त थी जिसने नवम्बर 2020 से दिसम्बर 2021 तक दिल्ली और 14 महीनों तक पंजाब की सड़कों पर आन्दोलन को जिलाए रखा। यदि हम इस आन्दोलन के प्रति एका भाव, समर्थन और राजनैतिक चेतना का आकलन करेंगे तो पाएँगे कि 27 सितम्बर का भारत बन्द आह्वान महानगरीय शहरों से आगे जाकर राष्ट्रीय स्तर पर अनुगूँजित हो रहा था।

इस दौर के लंगर को सम्भव बनाने में सिखों के भीतर का अन्तर्निहित सेवाभाव प्रमुख था। सिख धर्म के भक्तों में दूसरों की सेवा करना उपासना की विधि मानी जाती है। सिखों के लिए कार सेवा एक आवश्यक प्रक्रिया है जिसे निभाना होता है। उसे ईश्वर के घर में पूजा करने की तरह ही पावन कार्य माना जाता है। कहा गया है कि ईश्वर ज़र्रे-ज़र्रे में मौजूद है इसीलिए दूसरों की सेवा कर हम असल में गुरु अथवा ईश्वर की ही सेवा कर रहे होते हैं। लंगर उसी ईश्वर द्वारा दिया गया उपहार है।

इसी वजह से हरियाणा के किसान नेता सुरेश कौथ ने कहा, "सिखों के साथ मिलकर संघर्ष करने में अलग ही सुख है। वे किसी को भूखा सोने नहीं देते। जब हम बैरिकेड तोड़ रहे थे लंगर तैयार हो रहे थे। हर बार जब हमने नया बैरिकेड तोड़ा हमें ऐन उसी की बग़ल में एक लंगर वैन खड़ा मिला। अब हम कितना खाते? जब हम उसे जाने देते तब वह लंगर दूसरे आन्दोलनकारियों तक पहुँच जाता। हमें

यह पता ही नहीं चल पाता कि लंगर आया कहाँ से है? लेकिन वह हमेशा आता, हर बार आता।"

यह तब भी हुआ जब किसान 27 नवम्बर, 2020 को पंजाब-हरियाणा बॉर्डर पर स्थित शम्भू से दिल्ली की ओर चले। हरियाणा के किसानों ने अगुआई की और राज्य पुलिस के बैरिकेड लाँघे, उनके द्वारा खोदे गहरे गड्ढे लाँघे, राह पर खड़े किए गए भारी नाविक कंटेनर खिसकाए, आँसू गैस और पानी के कैनन झेले लेकिन आगे बढ़ते रहे। इसके बाद जब सारी बाधाओं को पार कर वे एक जगह आगे जाकर ठहरे तो उन्होंने सबके लिए लंगर की व्यवस्था की और पुलिस वालों को अपने खाने में शामिल किया। यह बात गुरु गोबिन्द सिंह के ज़माने की सैन्य लड़ाइयों की याद दिलाने वाली थी। जब गुरु की सेना युद्धरत रहती थी तो भाई घनय्या बिना किसी पूर्वग्रह के दोनों ओर के घायल सैनिकों को पानी पिलाया करते थे। इस पर लोगों ने गुरु से भाई की शिकायत की और गुरु ने भाई से ऐसा करने का कारण पूछा। भाई ने कहा, "आप ही तो कहते हैं कि सब बराबर हैं।" गुरु ने यह जवाब सुन भाई को ख़ूब आशीर्वाद दिया और मनुष्यता के हक़ में इस काम को जारी रखने को कहा।

खालसा ऐड के अमरप्रीत सिंह ने कहा, "पुलिस हमसे पानी की बोतलें लेते हुए भी कतराती थी, ख़ासतौर पर जब कैमरे हमारे आस-पास हुआ करते थे। पुलिसवाले भी हमारी ही तरह भूखे, प्यासे और पसीने से तरबतर थे लेकिन उन्हें आदेश था कि वे हमारे लंगर से कुछ भी नहीं लेंगे। लेकिन कभी-कभी वे अपने अफ़सरों से छिपकर कुछ ले लिया करते थे। हम एक-दूसरे के विरोधी थे लेकिन हम क्यूँ डरते? यह तो गुरु का लंगर है। हमारा नहीं, इसमें सभी का स्वागत होता है।"

धर्मेन्द्र मलिक जो मुज़फ़्फ़रनगर महापंचायत के ज़मीनी संयोजन के प्रमुख थे और प्राथमिक बी. के. यू. से ताल्लुक़ रखते थे, मुझसे कह रहे थे, "गुरु नानक की 500 वर्ष पुरानी लंगर-परम्परा की तरह ही हमारे खाप में भंडारे का प्रावधान है। भंडारा यानी कि बिना किसी बन्दिश के सबके लिए खाना। जब खाप पंचायतें कोई भी आयोजन करती हैं तो बिना किसी पूर्वग्रह के। गाँव के लोग पैसा और संसाधन इकट्ठा करते हैं, खाना पकाते हैं और सभी को अपने हाथों से परोसकर

खिलाते हैं। यह बलियाँ खाप का आयोजन था। चूँकि आन्दोलनकारियों की संख्या विशाल थी; दूसरे खाप समूह, मुस्लिम समुदाय और भारतीय जनता पार्टी की विरोधी पार्टियाँ इस मकसद में एकजुट थीं इसलिए कई सौ किलोमीटर तक भंडारे की व्यवस्था थी। सबको भरपेट खाना खिलाना ही सबका एकमात्र लक्ष्य था।"

संगठन

ज़मीन पर लंगर थोड़ा भिन्न तरीक़े से होता है। यह समझना ज़रूरी है कि प्रारम्भिक दौर में विभिन्न मुद्दों पर किसानों को एकजुट करने का काम संगठन (यूनियन) करते रहे। लेकिन संगठनों ने सर्दियों में उनके लिए तम्बू नहीं ताने, बरसात और गर्मी में बाँस के छप्पर नहीं छवाए और लंगर नहीं आयोजित किए। सिन्घू सरहद पर जहाँ अधिकांश संगठन मौजूद थे वहाँ भी किसान अपने रसोइये और लंगर बड़ी तादाद में साथ लाए। टिकरी और बहादुरगढ़ में जहाँ बी. के. यू. एकता उग्रहण (दक्षिण पंजाब) था और हरियाणा की खाप पंचायतों ने मिलकर 21 कि.मी. लम्बी सड़क को घेरा था, वहाँ उन्होंने अस्थायी झोंपड़ियाँ ब्लॉक और तहसील के स्तर पर बनाईं और छोटे समूहों में खाना पकाया। अधिकतर लंगर दिल्ली, तराई और पश्चिमी उत्तर प्रदेश के गुरुद्वारों ने आयोजित किए।

लंगर में सादा खाना परोसा जाता है—चपाती, दाल और कभी-कभी रसेदार सब्ज़ी। अलबत्ता आन्दोलन के सर्दियों वाले लंगर में बहुत विविधता रहती थी। नियमित खाने के अलावा वहाँ, पूड़ी-आलू, कढ़ी-चावल, राजमा-चावल, सरसों का साग-मक्की की रोटी, गुड़, बाजरा की रोटी, बादाम मिल्क, चाय, बिस्किट, गाजर का हलवा,

पिन्नी (आटे के लड्डू बादाम-किशमिश भरे हुए) ज़र्दा, (केसरी मीठे चावल) पुलाव, खीर, जलेबी, मैगी नूडल्स, उबला हुआ काला चना, सूजी का हलवा, फल (सेब, केले, सन्तरे), और ट्रॉली पर ट्रॉली भरकर गन्ने का रस हुआ करता था। और तो और, सूखे मेवे, खीर और पिज्जा-बर्गर भी लंगर का हिस्सा होते थे।

आन्दोलनकारियों ने न सिर्फ़ अपना खाना जुटाया बल्कि सिन्घू-कुंडली स्थित, अग़ल-बग़ल की फ़ैक्टरी में काम करने वाले मज़दूरों और उनके बच्चों को भी तीन वक़्त का खाना खिलाया। जो भी उन्हें देखने आता धा, आन्दोलनकारी उन सभी को खाना परोसते थे। उन्होंने रोटी बनाने वालों और पूड़ी बेलने वालों की ऐसी चुस्त टीम तैयार की थी कि वे एक बार में 600 रोटियाँ और पूरियाँ बनाकर लोगों को खिला देते थे। कॉफ़ी मशीन एक बार में 40 लीटर कॉफ़ी बना लेती थी और ढेर सारे भारी बर्तनों, चिमनियों और लकड़ी के चूल्हों का ऐसा पुख़्ता इन्तज़ाम रहा करता था कि कोई भी भूखा नहीं रहता था। यही वह लंगर था जिसे दिल्ली के लोगों और अन्य राज्यों से आए अतिथियों ने अनुभूत किया।

इसके बाद 26 जनवरी, 2021 को दिल्ली के लोगों ने भी उत्साह से प्रतिदान किया। वे कम्बलों, गर्म जुराबों, थर्मल्स, जूतों, गीज़रों, और तेल की बोतलों के साथ हाज़िर हुए। जब सर्दी की बरसात कहर बरपा रही थी तब वे, तम्बुओं, तारपुलिन, फोल्डिंग पलंग और स्टील के फ्रेम भी ले आए जिससे बारिश से बचाव हो सके। कुछ वाशिंग मशीन और तलवों की मालिश करने वाले यंत्र भी जुट गए। खालसा ऐड और यूनाइटेड सिख ने कुछ दुकानें सजा दीं जहाँ से कोई भी अपनी ज़रूरत का सामान मुफ़्त में उठा सकता था। इस तरह के सामान को हम लंगर की श्रेणी में तो नहीं गिन सकते लेकिन इसके पीछे के जज़्बे को लंगर कहा जा सकता है। इसमें सेवा, सामूहिकता और साझेदारी का सुन्दर भाव शामिल था। खाने वाले लंगरों ने आन्दोलनकारियों और सड़क पर चलने वाले लोगों की सुविधा का ध्यान रखते हुए, कुछ पारम्परिक नियम भंग किए और सर ढककर खाना, नंगे पैरों बैठना, एक सीधी पंगत में बैठकर खाने की अनिवार्यता नहीं रही। लोगों का पेट भरे बस यही अनिवार्यता बनी रही।

26 जनवरी के बाद सरकार ने दिल्ली में भारी बैरिकेडिंग की और दिल्ली वालों की पहुँच को बाधित किया। इससे मददकर्ताओं की संख्या घट गई। लेकिन इसके बाद भी आन्दोलन बना रहा और लंगर चलते रहे।

रसद

जब किसान दिल्ली की ओर दो ट्रॉलियों में बढ़ने लगे—एक, जिसमें लोग बैठे थे और दूसरा, जिसमें रसद (खाने-पीने का सामान)—आटा, चावल, आलू, प्याज़, तेल, घी, लकड़ी, पाथी (उपले) रखे थे तब

यूनियन के नेताओं को भी पता नहीं था कि आन्दोलन कितने दिनों तक चलेगा। लेकिन मोटा-मोटी अनुमान लगाया जा रहा था कि आन्दोलन एक हफ़्ते से लेकर एक महीने तक चल सकता है। उस हिसाब से किसानों के पास पर्याप्त रसद था। किसान फतेहगढ़ साहब के ज़ोर मेले और आनन्दपुर साहेब के होला मोहल्ला में शिरकत किया करते थे और कहीं भी घर बनाने के आदि थे। वे ट्रालियों का इस्तेमाल इसके लिए किया करते थे और यह अभ्यास आन्दोलन के लिए भी काम आया।

इस दौरान सरकार और किसानों के बीच की बातचीत खिंचती गई और कोई हल नहीं निकला। इससे किसानों को अन्तर्दृष्टि मिली कि उन्हें अब लम्बे आन्दोलन के लिए तैयार हो जाना चाहिए। गाँव-गाँव में इच्छुक आन्दोलनकारियों की सूचियाँ बनने लगीं। लोग एक हफ़्ते आन्दोलन स्थल पर भागीदारी करते फिर अपना ट्रैक्टर-ट्राली ले वापस हो जाते। फिर अगला जत्था दिल्ली की ओर कूच करता। लोगों को अनुदान देने का आह्वान किया जाता और गाँव-गाँव से लोग अपनी सामर्थ्य के अनुसार अनुदान देते। जैसे-जैसे मौसम बदलता उन्हीं ट्रालियों में कूलर और फ्रिज आन्दोलन स्थल तक पहुँचाए जाते। इस

तरह पंजाब, हरियाणा, राजस्थान, उत्तर प्रदेश और उत्तराखंड के भी कुछ गाँवों ने सेवा के जज़्बे और लंगर की पवित्रता को बनाए रखा।

हरियाणा के गाँव ख़ासतौर से आन्दोलन के स्थलों के पास वाले गाँवों ने शुरू से ही बहुत हौसले वाली भूमिका निभाई। वे रोज़ ताज़ा दूध, दही, लस्सी और सब्ज़ियों की आपूर्ति करते थे। उत्तराखंड और उत्तर प्रदेश के किसानों को ज़्यादातर पुलिस से छिप-छिपकर मदद करनी पड़ती थी, या आन्दोलन में भाग लेना होता था। वहाँ के कितने ही आन्दोलनकारी बस एक चादर या कम्बल और दो जोड़ी कपड़े लेकर आन्दोलन में भाग लेने आए। दिल्ली के गुरुद्वारों, राहत संस्थानों, सिखों की लोकहितकारी संस्थाओं, साधारण लोगों और विदेशों में बसे सहिष्णु समर्थकों ने उनकी ख़ूब मदद की। उन्हें पैसे भी दिए और ज़रूरत की सामग्री भी उपलब्ध कराई। रसोई और गोल्डन हट जैसे स्थानीय ढाबों ने अपना दैनिक व्यापार बन्द कर उन्हें मुफ़्त में खाना खिलाया और शौचालयों की व्यवस्था की। रसोई में स्वच्छता बरती

जाती थी और कुछ ही दिनों के आन्दोलन के बाद प्लास्टिक की प्लेटें और स्टाइरोफ़ोम के कपों के स्थान पर स्टील के बर्तनों में खाना परोसा जाने लगा। इसी तरह स्वास्थ्य लंगर भी लगाए गए और डॉक्टरों और दवाइयों की व्यवस्था हुई। ढेर सारे पुस्तकालय भी खड़े हो गए और स्थानीय बच्चों को पढ़ाने का नेक काम भी साथ-साथ होने लगा।

निष्कर्ष

जिस क्षेत्र से किसान आन्दोलन में उतरे हैं उसने देश को हरित क्रान्ति के फलस्वरूप पिछले 50 वर्षों से अनाज उपलब्ध कराया है। आन्दोलन के मूल में हरित क्रान्ति के दूरगामी नकारात्मक प्रभाव हैं जिसे आज तक किसी भी सरकार ने निष्प्रभावी करने की कोशिश ही नहीं की। रूढ़, कठोर कृषि-क़ानून संसद में वॉयस वोट से पारित हुए और यह दरअसल उसी सहचर पूँजीवाद की ताक़त है जो सरकार को प्रभावित कर कहती है—किसानों को उनकी ज़मीन से बेदख़ल करो और ज़मीन का निजीकरण कर उन्हें निगमवाद की संरचना में ढाल दो। सरकार, वर्ल्ड ट्रेड ऑर्गनाइज़ेशन और इंटरनेशनल मॉनिटरी फ़ंड के दबाव में बिग टेक को लाभान्वित करना चाह रही थी जो बिग डाटा पाने को उत्सुक थे जिससे कृषि-क्षेत्र को धूर्तता से अपनी उँगली पर नचाया जा सके। एक साल के विरोध-प्रदर्शनों के बाद यह साफ़ हो गया कि चाहे बड़े अन्तरराष्ट्रीय संस्थान हों, बड़ी टेक-कम्पनियाँ हों, सप्लाई चेन का निर्धारण करने वाली प्रबन्धन-कम्पनियाँ हों या राष्ट्र राज्य हों, कोई भी न तो इस आन्दोलन को मिटाने की क्षमता रखता था या लंगरों को बन्द करवा सकता था।

क्या सेवा का कोई मोल लगा सकता है?

किसान जो वर्दी पहनने पर देश के रक्षक सैनिक भी हो जाते हैं सभी को एक सन्देश प्रसारित करना चाह रहे थे—किसान नहीं तो खाना नहीं! और इस सन्देश का प्रसारण वे मुफ़्त का खाना, मुफ़्त की रिहाइश, मुफ़्त के कपड़े, मुफ़्त की स्वास्थ्य सेवा, मुफ़्त की शिक्षा के साथ कर रहे थे और सरकार से सवाल पूछ रहे थे—आप लोगों की ज़िन्दगी में क्या योगदान कर रहे हैं? आन्दोलन के शुरुआती समय से जब लोगों से यह पूछा जाता था—क्या सरकार सुनेगी? लोग कहा करते थे—उसे सुनना पड़ेगा! यह लोगों के भीतर का हौसला था जो सेवा एवं लंगर के मिले-जुले भाव से उत्पन्न और कायम रहता था।

पोस्ट स्क्रिप्ट

11 नवम्बर, 2021, गुरु नानक जी की 552वीं जन्मतिथि के दिन, पंजाब, उत्तर प्रदेश और हरियाणा में आने वाले चुनावों के मद्देनज़र सरकार थोड़ा पिघली और प्रधानमंत्री नरेन्द्र मोदी ने एकतरफ़ा निर्णय

लेते हुए तीनों कृषि-क़ानूनों को वापस लेने का ऐलान किया। शीतकालीन सत्र के पहले ही दिन, संसद में औपचारिक रूप से भी तीनों क़ानून वापस ले लिये गए। संयुक्त किसान मोर्चा ने इस औपचारिक घोषणा के बाद ही अपना आन्दोलन वापस लिया। अभी भी कुछ माँगों का पूरा होना बाक़ी है; 23 अनाजों के लिए वैधानिक समर्थन मूल्य, बिजली के निजीकरण सम्बन्धित क़ानूनों का वापस लेना, कठोर प्रदूषण क़ानून और आन्दोलन के दौरान किसानों पर थोपे गए 50 हज़ार केस का वापस होना। सरकार ने माँगें पूरी करने का आश्वासन दिया है। 9 दिसम्बर, 2021 को आन्दोलन वापस ले लिया गया लेकिन सरकार अभी तक किसानों से किए गए वादे पर अमल करती नहीं दिखलाई पड़ रही है।

(सुखजी सिंह के विस्तृत इनपुट्स से साभार)

अनुवाद : वन्दना राग

चित्र : जसकरण सिंह राणा

साँचों का क़िस्सा

कल्याणी दत्ता

आमों का मौसम पूरे शबाब पर था। यह दृश्य उन्हीं दिनों का है। मेरे पति की माँ—बेला, आँगन में बैठी थीं और अपने सामने रखे आमों से भरे टोकरे से एक-एक आम उठा अपनी हथेलियों के बीच दबा-दबाकर, उनका रस निकाल रही थीं। और फिर उस रस को वह तेल चुपड़े मिट्टी के साँचों में ढारती जा रही थीं। रस की एक परत के ऊपर वह दूसरी परत जमाती जा रही थीं। जब परत की मोटाई अच्छी-ख़ासी हो जाती थी तभी वह साँचों में रस ढारना बन्द करती थीं। इसके बाद इन साँचों को एक थाली के ऊपर रख वह साँचों पर मलमल का एक महीन कपड़ा बाँध देती थीं और उन्हें धूप में सुखाने के लिए रख देती थीं।

दरअसल वह इस तरह आम शोत्तो तैयार कर रही होती थी। आम शोत्तो यानी पारभासी, स्वर्णिम, खट्टा-मीठा, हल्का लसलसा पापड़। काली मिट्टी से गढ़े चार इंच के साँचों में महीन चक्र बने हुए थे जो एक दूसरे में समाते हुए तरह-तरह के फूलों के आकार की संरचनाएँ बनाते थे। उनके इर्द-गिर्द बिन्दियों की माला बनी हुई थी। दूसरा साँचा पेड़ और उसकी हरियाली को दर्शाता था। उसमें तीन चक्रों की संरचना ताश के पत्तों में चिड़ी-सी प्रतीत होती थी। गेरुआ

मिट्टी का एक साँचा पत्ते या नाव की तरह लगता था। बेला, विदेश में पढ़ने वाले अपने प्यारे पोते के लिए इन्हीं सुन्दर साँचों में आम का चटपटा व्यंजन तैयार कर रही थीं। विदेश में रहते हुए पोते को अपने देश और घर के खाने की ख़ूब याद आती थी। वह देश से आए इन पापड़ों को कभी यूँ ही चुभला लेता था तो कभी दूध में भिगोकर खाता था और देश के आमों की गन्ध और स्वाद को महसूस कर लेता था।

वह तीस साल पहले की दुपहरिया थी जब इन साँचों को अन्तिम बार प्रयोग में लाया गया था। काली मिट्टी से बने एक साँचे में अभी भी आम के रस की कुछ सूखी बूँदें दिखलाई पड़ जाती हैं जो सम्भवतः साँचे के कोरों में चिपकी रह गई थीं। बेला जब 1997 में गुज़र गईं तब मिट्टी, लकड़ी और पत्थर से बने ऐसे चालीस साँचे मेरे लिए विरासत स्वरूप छोड़ गईं। अब कुछ ही कारीगर बचे हैं, कलकत्ता के एक ही बाज़ार के ठिकाने में जो मिठाई बनाने के लिए ऐसे साँचे तो तैयार करते हैं, लेकिन वे साँचे सिर्फ़ लकड़ी के होते हैं। बांग्ला में इन साँचों को छाँछ कहते हैं।

आम शोत्तो या आम के पापड़ हथेली बराबर साँचों में बनाए जाते थे। उससे छोटे छाँछों को बनाने में अधिक कौशल की दरकार होती है और उसी से छेने की प्रसिद्ध बंगाली मिठाई—सन्देश पर महीन डिज़ाइन उकेरे जाते हैं। इसे बंगाल और जहाँ भी बंगाली पहुँचकर बस गए हैं, उन सभी जगहों पर प्रयोग में लाया जाता है। गुड़, चीनी की मिठास और इलायची की ख़ुशबू से भरी इस मिठाई के लिए छेना हल्की आँच पर देर तक पकाया जाता है और जब वह गाढ़ा हो जाता है तो उसे तेल चुपड़े साँचे में ढाल दिया जाता है। जब ठंडा होने के बाद गुड़ सा चीनी और इलायची मिले छेने को साँचे से निकाला जाता है तो वह फूल, तितली या शंख का आकार ले लेती है। मुँह में घुलने

वाली यह अपूर्व मिठाई आज भी बंगालियों को बहुत प्रिय है। इसके स्वाद को लेकर अनेक प्रयोग हो रहे हैं और चॉकलेट और नारंगी के स्वाद वाले सन्देश आज खासे लोकप्रिय हो गए हैं। इसको बनाने की विधि में प्रयोग की बहुत गुंजाइश है जैसे कसा हुआ नारियल जब छेने के साथ मिला दिया जाता है तो मुलायम छेने के संग दरदरे नारियल का स्वाद अत्यन्त मनभावन हो जाता है। सर्दियों में जब खजूर का गुड़ बनता है तब उस ताज़े गुड़ में छेने को मिलाकर गुलाबी आभा वाला एक अद्भुत सन्देश तैयार होता है।

शादी-विवाह या ऐसे ही उत्सवी अवसरों पर कई किलो सन्देश तैयार किया जाता है। ज़्यादातर यह मछलियों के आकार में होते हैं प्रजनन-शक्ति दर्शाते या तितलियों के आकार में विवाह युग्म दर्शाते। अलबत्ता, मुझे विरासत में मिले चालीस साँचों में से अधिकतर का आकार ज्यामितीय है और वे घरेलू उपयोग के लिए गढ़े गए हैं।

मेरे पति की नानी और परनानी ने ये छाँछ अपने हाथों से गढ़े थे। बेला की माँ कादम्बिनी शायद 1860 के आसपास पैदा हुई थीं और 1942 में गुज़र गई थीं। अतीत में और पीछे जाने पर उन्नीसवीं सदी में परनानी के समय को खँगालना आज भारी काम लगता है। भारत विभाजन से पहले, आज के बांग्लादेश वाले इलाक़े के मैमनसिंह ज़िले में उनकी रिहाइश थी। इन स्त्रियों के भीतर बसे नैसर्गिक सौन्दर्यबोध ने ही उन्हें इतने सुन्दर साँचे गढ़ने को उत्साहित किया होगा। ये स्त्रियाँ मातृतंत्र की प्रतीक थीं और ख़ासी बड़ी गृहस्थियों को अकेले ही संचालित करती थीं। वे अनवरत व्यस्त रहती थीं और गृहस्थी के तंत्र के प्रत्येक बारीक पहलू का ध्यान रखते हुए सुचारु रूप से अपनी गृहस्थियों को दिशा प्रदान करती थीं। सिर्फ़ दोपहर का कोई पहर उन्हें ख़ाली मिलता था जिसमें वे अपनी कलात्मकता को आकार दे सकती

थीं। वही उन्होंने किया भी। दरअसल आज जो साँचे मुझे धरोहरस्वरूप मिले हैं वे उसी दोपहरी की स्त्री-रचनात्मकता के बेजोड़ उदाहरण हैं।

जूट के सफल व्यापारी जगदीश गुहा के घर की ये स्त्रियाँ इतने बरस पूर्व, रिड्यूस, रियूज़ और रिसाइकिल, (मितव्ययिता से प्रयोग, दोबारा उसी का प्रयोग और पुनःचक्रण) के सर्वोत्कृष्ट सिद्धान्त की परिचायक हैं। ये मेरी पुरखिनें टूटे-फूटे सामान को दोबारा प्रयोगयुक्त बनाकर, ख़ूबसूरत कलात्मक और उपयोगी सामान तैयार करती थीं। कितना परिष्कृत सौन्दर्यबोध था उनका! यह याद कर मेरा मन इनके लिए श्रद्धा और सम्मान से भर जाता है।

बंगाल के प्रसिद्ध काँथा सिलाई से बने दोहर भी उसी कलात्मक परम्परा को दर्शाते हैं। नाजुक उँगलियाँ, पहनी हुई साड़ियों की कतरनों की परतें धीरे-धीरे एक दूसरे पर नायाब टाँका लगाकर सिली जाती हैं और किनारियों से धागे खींच कर सुन्दर डिज़ाइन बनाए जाते हैं। ये

दोहर बंगाल के हल्के जाड़ों में ख़ूब सुकून देते हैं। छाँछों की तरह ये दोहर भी बंगाल की रोज़मर्रा की ज़िन्दगी का हिस्सा थे जो आज हर पारम्परिक शिल्प की तरह अवसान पर हैं।

पत्थर के छाँछ से परम्परा जीवित और पुनर्जीवित हुई। देवताओं को पत्थर और काँसे की थालियों, कटोरियों में फल एवं मिष्ठान समर्पित किए जाते थे। कुछ दिनों बाद पत्थर की थालियाँ टूट जाती थीं लेकिन उन्हें फेंका नहीं जाता था। उन्हें अलग-अलग आकारों में ढालकर उनके भीतर फूल या ज्यामितीय डिज़ाइन उकेरे जाते थे। निश्चित ही इनको बनाने में बहुत कौशल और ताक़त लगती होगी। मुझे बताया गया था कि नाई लोग बाल काटने के लिए जिस तेज़ उस्तरे—नोरून का इस्तेमाल करते हैं उन्हें ही डिज़ाइन उकेरने के काम में लिया जाता था।

मुझे जो साँचों का सेट मिला उनमें पत्थर वाले साँचे हल्के रंग के हैं। उनकी संख्या 18 है। दो में ज्यामितीय डिज़ाइन बने हुए हैं। मैं आज अफ़सोस करती हूँ कि मैंने बेला से क्यों नहीं पूछा उनके आकार के बारे में। वे कटोरे के आकार के हैं। क्या वे बड़े सन्देश बनाने के लिए प्रयोग में लाए जाते थे, या बस यूँ ही उनका यह आकार निर्धारित हुआ? दो छोटे तिकोने मिट्टी के छाँछों में एक ओर डिज़ाइन बने हुए हैं और दूसरी ओर बाहर की ओर झाँकते नन्हे तने से दिखलाई पड़ते हैं। ऐसा लगता है जैसे वह कोई सरकारी मुहर हैं जिसे बड़े आकार के छेने के गोलों पर छापा जाता रहा होगा।

चार लकड़ी के छाँछ भी हैं जो जोड़ी में हैं और उनमें सादे डिज़ाइन बने हुए हैं। दोनों के बीच छेने को दबाकर रखने पर डिज़ाइनदार सन्देश प्रकट हो जाता था। ये वाले साँचे उन साँचों से भिन्न हैं जिनमें मिठाई के एक ही ओर डिज़ाइन बनता था। लकड़ी के इन साँचों का

प्रयोग घिसे हुए दरदरे नारियल के साथ मिलाकर बने सन्देश के लिए किया जाता था।

मिट्टी के साँचे कुल 24 हैं। ये अधिकतर काली मिट्टी से निर्मित हैं। हालाँकि कुछ भूरे रंग के भी हैं। इनमें आकार और डिज़ाइन की विविधता है। ये अंडाकार, अर्धचन्द्राकार, गोल, पत्तियों और शंखों के आकार के हैं। बंगाल की नदियों के पास की मिट्टी चिकनी और लचीली थी इसीलिए इनका शिल्पकला में ख़ूब उपयोग होता था। सबसे पहले मिट्टी को गूँथा जाता था फिर उसे मनचाहे आकार में ढाला जाता था। उसके बाद नोरून से उनमें, फूल पत्ती, ज्यामितीय डिज़ाइन और नाम उकेरे जाते थे। यह काम बहुत संयम और कौशल से करना होता था क्योंकि मिट्टी बहुत लसदार और लचीली होती थी और शिल्प के बिगड़ जाने का डर बना रहता था। डिज़ाइन बनाने के बाद गीले साँचों को धूप में सूखने के लिए रख दिया जाता था। इसके

बाद इन्हें भट्ठी में पकाया जाता था। आँच की तीक्ष्णता के आधार पर इन साँचों का रंग काला या भूरा हो जाता था।

पारम्परिक बंगाली घरों में हर मुख्य भोजन के बाद मीठा खाने का रिवाज़ था। सन्देश मुलायम, हल्का तेलविहीन होने के कारण दिन में चार बार तक खाया जा सकता था। परिवार के बुज़ुर्ग, रिश्तेदार, वे महिलाएँ जिन्होंने अपने पति को खो दिया था, माता-पिता, बेटे-बेटियाँ और उनके परिवार सब एक ही छत के नीचे रहा करते थे। दूध से बनी यह मुलायम मिठाई दन्तहीन बूढ़ों को जितनी रुचती थी उतनी ही छोटे बच्चों को। इसको खाने में चबाने की मेहनत नहीं करनी पड़ती थी। काँसे के लोटे में भरे पानी या नीबू के शर्बत के साथ इसे अतिथियों को भी पेश किया जा सकता था। आश्चर्य नहीं कि जगदीश गुहा की रसोई में टोकरी भर कर साँचे रखे जाते थे!

महामारी के दिनों में मैंने बेला की डायरी पढ़ी, जिसमें उन्होंने अपनी हुनरमन्द माँ की तारीफ़ में लिखा है—मेरे पिता को लोगों को घर पर बुलाकर खाना खिलाने का बहुत शौक़ था। वे माँ से कह-

कहकर व्यंजन बनवाते थे और उसमें भी विशेषकर मीठा। जब पधारे हुए अतिथि खाने लगते थे तो वे बड़े गर्व के साथ बताते रहते थे, "यह सब कुछ घर पर बना हुआ है।"

हर दिन ढेर सारे सन्देश बनाए जाते थे। घर की गायों से प्राप्त कई किलो दूध बड़े बर्तनों में उबाला जाता था और उसका छेना बनाया जाता था। सबसे पहले का पका हुआ सन्देश घर चलाने वाले 'कर्ता' को पेश किया जाता था। फिर ज्येष्ठता के नियम का पालन करते हुए अन्य पुरुषों को दिया जाता था। मुख्य भोजन के नाना व्यंजनों के बाद एक थाली सन्देश पेश किया जाता था। कर्ता, बड़े बेटों और दामादों को विभिन्न प्रकार के रंग-रूप वाले सन्देश पेश किए जाते थे और इस तरह उन्हें प्यार और सम्मान दर्शाया जाता था। साँचों की विविधता शायद इस प्रेम को दर्शाने की भावना से भी उपजती थी। भले ही कोई एक टुकड़ा खाता हो लेकिन उसके सामने थाली भरकर सन्देश ज़रूर रखा जाता था। स्त्रियाँ अपने हुनर को पुरुषों द्वारा सराहे जाने की अपेक्षा में बैठी रहती थीं। ये घर पर रहने वाली मामूली साक्षर स्त्रियाँ थीं। उनका जीवन अपने बच्चों, रिश्तेदारों, पति और घर के इर्द-गिर्द ही घूमा करता था।

साँचों के मेरे संग्रह में नौ ऐसे हैं जिन पर नाम उकेरे हुए हैं। उनमें से एक ही लकड़ी से बना है, बाक़ी सब मिट्टी के हैं। जिन साँचों पर अक्षर उकेरे गए हैं उनको मैं विशेष सम्मान से देखती हूँ। बनाने वाली स्त्रियों ने अक्षरों को दर्पण छवि के आधार पर उकेरा है। अतः जब छेना साँचों में दबाया जाता है तो सन्देश में वे बिलकुल सही-सही दिखलाई पड़ते हैं।

छह साँचों में नाम हैं। मेरे पति के नाना, जगदीश गुहा को अंग्रेज़ों ने रायबहादुर की पदवी दी थी। वे उन्नीसवीं एवं बीसवीं सदी

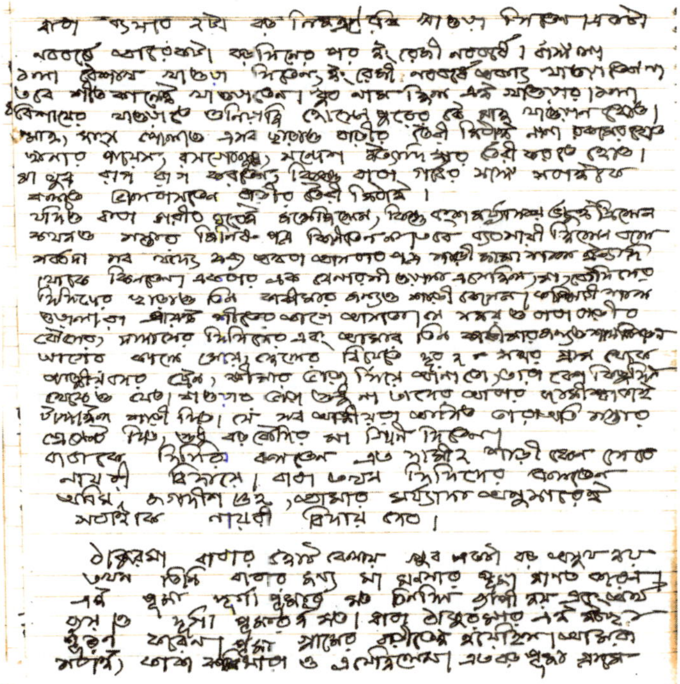

में पूर्वी बंगाल के प्रमुख जूट व्यापारी थे। उनकी माँ और उनकी पत्नी कादम्बिनी ने तीन अंडाकार साँचों में उनका नाम बड़े प्यार से उकेरा है। हो सकता है इनके अलावा और साँचे रहे हों जिनमें उनका नाम उकेरा गया हो लेकिन बेला के हिस्से में यही आए थे। श्रीयुत् रायबहादुर उकेरने में स्त्रियों का मान दिखलाई पड़ता है। अंग्रेज़ी में अनुवाद करने पर श्रीयुत् का अर्थ कुलीन अथवा श्रेष्ठ जन होता है जो इसका भी तात्पर्य था। एक अन्य साँचे में श्रीयुत् बाबू जगदीश चन्द्र खुदा हुआ है। एक तीसरे साँचे में दिल को छू लेने वाला सम्बोधन है—जय जगदीश! जगदीश यानी संसार भर का ईश्वर। यह सम्बोधन हिन्दी में गाई जाने वाली एक लोकप्रिय प्रार्थना के पहले दो शब्द भी हैं। साँचे में इस

नाम का आना एक क़िस्म का हास्यबोध उत्पन्न करता है। परिवार का कर्ता मानो ईश्वर के बराबर हस्ती वाला। कादम्बिनी ने एक साँचे में अपने बेटे का नाम भी उकेरा है—श्रीयुत् बाबू हेमन्त। उस दौर में दामादों को भी बहुत सम्मान मिलता था। बेला की बड़ी बहन की शादी जिससे हुई उस दामाद का नाम अंडाकार साँचे में उकेरा हुआ है—श्रीयुत् बाबू जतीन्द्र गुहा।

मिट्टी के एक साँचे में सिर्फ़ जलपान उकेरा हुआ है। जिसका अर्थ मिठाई अथवा ताज़ा होने का आनन्द है। लकड़ी के एक साँचे पर अवाक् यानी आश्चर्य लिखा हुआ है। क्या पता इसकी छापवाला सन्देश किसी अबूझ आस्वाद से भरा होता होगा जो खाने वाले को चकित कर देता हो? हो सकता है, इसको बनाने वाली अपने कौशल से सबको हैरानी में डालने की मासूम मंशा रखती हो। कितना आनन्ददायक है वह रोज़मर्रा के खाने-खिलाने में मासूमियत से भरे हास-परिहास।

वह अन्तिम साँचा जिसमें एक शब्द 'वन्दे मातरम्' यानी माँ को प्रणाम गढ़ा हुआ है बहुत महत्त्वपूर्ण है। बीसवीं सदी में बंगाल में उपनिवेश-विरोधी, आज़ादी की माँग करते आन्दोलनों की वजह से ख़ासी उथल-पुथल मची हुई थी। आन्दोलनों के उस प्रारम्भिक दौर में देश को माँ समान मानकर देश के प्रति प्रेम का अलख जगाया जाता था। संस्कृत में लिखा एक गीत 'वन्दे मातरम्' जिसे आज पवित्र राष्ट्रीय गीत का दर्जा मिला हुआ है, उस वक़्त लोगों को औपनिवेशिक अंग्रेज़ी सरकार के ख़िलाफ़ खड़े होने के लिए प्रेरित करने वाले गीत की तरह गाया जाता था। हो सकता है कि बंगाल की अति पूजनीय देवी—माँ दुर्गा को देश के प्रतीक के रूप में लोगों ने मान्यता दी होगी तभी यह गीत बंगाल के जन-जन तक पहुँच गया। यहाँ तक कि रूढ़िवादी परिवार भी आन्दोलन के इस गीत से अछूते नहीं रहे। घर की औरतों ने

अपनी अकूत श्रद्धा को इस तरह साँचों में ढाल मिष्टी बनाई। इस तरह वे भारत माता को बचाने के कार्यक्रम में जुट गईं और औपनिवेशिक बन्दिशों को धता बता अपने आदमियों को देश के प्रति उनके कर्तव्य के लिए चेताने लगीं।

1990 में बेला अपनी डायरी में लिखती हैं—'मेरी माँ यदि आज जीवित होतीं तो 125 बरस की होतीं।' आज 2021 में सोचती हूँ तो डेढ़ सदी पुरानी बात हो जाती है। इतने बरसों के अन्तराल पर, पूर्वी बंगाल के मैमनसिंग से चलते हुए, उत्तर भारतीय मैदानी इलाक़े इलाहाबाद तक जाना और रहना और फिर दिल्ली जाकर बसना, जहाँ बेला के पति को विश्वविद्यालय में नौकरी मिली और वहीं रहनवारी हुई इन साँचों के लम्बे सफ़र और उनके बचने की कहानी भी है। यह कितनी सुन्दर बात है कि हर पड़ाव पर इन साँचों का उपयोग हुआ। बेला ने विरासत में मिले अपने हर हुनर को जीवित रखा और हम सौभाग्यशाली रहे कि हमें उनके हाथों से बना मृदु सन्देश खाने को मिला। मैं जब उन साँचों को याद कर रही हूँ तो याद आता है कि उनमें से एक-दो थोड़े भंग हो गए हैं। कभी-कभी सोचती हूँ, इन साँचों

का सफ़र आख़िर कहाँ जाकर ख़त्म होगा? कुछ इंग्लैंड में बसी मेरी बेटी के पास ज़रूर मौजूद रहेंगे विरासत की तरह या किसी संग्रहालय का हिस्सा हो जाएँगे।

पता नहीं कहाँ जाएँगे?

लेकिन जहाँ भी जाएँ, मेरी दिली ख़्वाहिश है कि उनके भीतर समाए क़िस्से सभी के दिलों में अपनी प्यारभरी छाप छोड़ते रहें।

अनुवाद : वन्दना राग

चित्र : कल्याणी दत्ता, शोनाली चार्लटन

अमृतसर का अमृत-भोज

नीलम मानसिंह चौधरी

1955 में मेरे पिता नेत्रविज्ञान में पी-एच.डी. कर रहे थे। उस दौरान वह इंग्लैंड में रह रहे थे। घर से दूर रहने के कारण उन्हें बेहद अकेलापन महसूस होता था, अपने बच्चों की याद आती थी, साथ ही अपनी पत्नी के हाथ से बने खाने की भी। उन्हें कम मानदेय मिलता था, उसके बावजूद एम. एस. बेटॅरी नामक जहाज़ पर सवार होकर उनका परिवार उनके पास पहुँच गया। तब मैं चार साल की थी।

जहाज़ के मिडिल डेक पर एक के ऊपर एक लगे बिस्तरों पर हम सोए। समुद्र में जहाज़ जिस तरह डोल रहा था, उसके कारण मुझे चक्कर और मितली आ रही थी, जिससे बचने के लिए मैं बार-बार नीबू चूस रही थी। जहाज़ के जलपान-कक्ष का मेन्यू मुझे आज भी याद है—घिनौना, पानीदार सूप, मसले हुए आलू, लिज़लिज़े कटलेट्स और मटर के अधपके दाने। उस समय मैं अपने राजमा-चावल को शिद्दत से याद कर रही थी।

लन्दन के एक छोटे-से फ़्लैट में आसरा लेने के बाद, मेरी माँ ने घर का ख़र्च चलाने में हाथ बँटाने के उद्देश्य से बीबीसी पर 'वीमंस इंडियन ऑवर' कार्यक्रम में शिरकत करना शुरू किया। यह खानपान पर आधारित एक कार्यक्रम था, जिसमें छोले-भटूरे से लेकर

हिन्दुस्तानी करी तक बनाने की विधि श्रोताओं से साझा की जाती थी। उस कार्यक्रम में शिरकत के लिए माँ को एक गिनी मिलती थी, जिसे परिवार के किफ़ायती कोष में जमा कर दिया था। उन्होंने पेस्ट्री और बेकरी क्लासेस में भी प्रवेश ले लिया था।

जब हम लन्दन पहुँचे, तब वह बेहद ठंडा था, मौसम के हिसाब से भी और लोगों के मन के हिसाब से भी, लेकिन इसके बावजूद अख़बार से बनी तिकोनी पुड़ियों में लिपटी मछली और चिप्स, जिससे विनेगर की सुगन्ध आती थी, वे मेरी स्मृतियों में आज भी दर्ज हैं। लन्दन और लीड्स में चार साल गुज़ारने के बाद मेरे पिता को अमृतसर के मेडिकल कॉलेज में नौकरी मिल गई। जहाज़ पर मिलने वाले उसी बेस्वाद खाने और लगातार बनी रहने वाली मितली-चक्कर के साथ, हम सब लोग वापस लौट आए।

अमृतसर मेरे लिए एक तरह से स्वर्ग था, क्योंकि यहाँ हर नुक्कड़ पर खाने-पीने की जगहें थीं। मंगल दी मच्छी, नॉवेल्टी की आलू-पूड़ी, बंसल के घी से बने मोतीचूर के लड्डू। यह भोग-विलास से भरा एक अलग ही चटोरापन था। उसके अलग ही फ़ायदे और

नुक़सान थे। जितना खाओ, उतना आनन्द आता था। और फिर उतनी ही तलब बढ़ती जाती थी। भोजन ही वह राग था, जिससे मेरे जीवन का संगीत परिभषित होता था। इसी बात से अन्दाज़ा लगा सकते हैं कि मैं आमपापड़ को लगातार चाटती रहती थी, जिसके कारण मेरी जीभ भूरी हो गई थी और उस पर छाले उगने लगे थे।

अमृतसर में हम कई मकानों में रहे, किसी में छह महीने, किसी में आठ। मुझे याद है, कपड़ों, बर्तनों, आलू, प्याज़, किताबों और तस्वीरों से भरी हुई कई रंग-बिरंगी गठरियाँ गलियारे में पड़ी रहती थीं। ज़्यादातर जगहों पर महसूस होता, जैसे हम कैम्प में रहनेवाले लोग हों, जो अभी कुछ दिनों बाद ही अगले ठिकाने की ओर कूच कर जाएँगे। इसी कारण, अस्थायित्व देखकर मुझे कभी बेचैनी नहीं हुई। जहाँ चाहा, बैठ गई, जो जगह मिली, वहाँ सो गई—मैं भीतर से बोहेमियन थी। इस कारण मुझे कोई समस्या न हुई।

1947 के दंगों में मेरे माता-पिता लाहौर से अमृतसर आ गए थे। इस कारण उनके भीतर भी, जब ज़रूरत पड़े, टीन-टप्पर उठाकर अगली जगह रवाना होने के लिए तैयार रहने का जज़्बा भरा रहता था।

उसके बाद हम मेडिकल कॉलेज के परिसर में बने एक सुन्दर-से सरकारी मकान में रहने लगे। वह खपरैल की ढलुआ छत वाला कॉटेज था, उसकी फ़र्श लाल रंग की थी, बरामदा लम्बा था। उसमें बारिश के पानी की निकासी खुली हुई थी। रसोई की जगह मकान के भीतर नहीं, बल्कि हटकर थी और टीन की छत से ढका हुआ एक लम्बा गलियारा दोनों को आपस में जोड़ता था। जब टीन की उस छत पर बन्दर उछल-कूद मचाते, तो उस भयानक आवाज़ को सुनकर लगता, जैसे एलियनों ने आक्रमण कर दिया हो। बन्दरों के हाथ जो लगता, वे

उसे उठा ले जाते, चाहे वह सूखता हुआ अचार हो या पापड़, चावल हो या कोई और अनाज। उनकी चतुराई और फ़ुर्ती के सामने पहरेदारों की पूरी फ़ौज भी फीकी पड़ सकती थी।

मेरी माँ को सफ़ाई की झक थी और रसोई उनकी सल्तनत। जैसे ही वह रसोई में घुसतीं, सब कुछ बदल जाता था। अचानक वह माँ होना बन्द कर देती थीं और उनकी जानी-पहचानी सूरत की जगह एक अनजाना चेहरा आ जाता था। वह मैले-कुचैले चिथड़ों और खाने को जाँचतीं, काल्पनिक तिलचट्टों को खोजतीं और इन सबके दौरान घरेलू नौकर उनके पीछे-पीछे हड़बड़ाए दौड़ते रहते। रसोईघर उनका पसन्दीदा स्थान था, जहाँ वह घंटों बितातीं, दालों और मसालों को, घी और अचार के मर्तबानों को बार-बार जाँचती रहतीं। इस समय, जब मैं ये पंक्तियाँ लिख रही हूँ, मेरी आँखों के आगे उनकी एक छवि उभरी हुई है—एक नाज़ुक-सी, छोटी-सी स्त्री, जिसने अपनी कमर पर एप्रॉन पहना है, एक स्कार्फ से अपने विरल केशों को बाँध रखा है, उसके होंठों पर ग़ुस्से से भुनभुनाए कुछ तीखे शब्द हैं और वह तमाम तरह के कलछुलों, लकड़ी के चम्मचों, स्टील के बर्तनों, मसालों की बोतलें, धनिया और पुदीना की पत्तियों, बारीक कटी प्याज़ और लहसुन की कलियों को थामे हाथों से ज्यों बाज़ीगरी कर रही हो। मुझे याद पड़ता है, माँ के साथ मैं सिर्फ़ एक मुद्दे पर बात करती थी, वह था—भोजन। लंच और डिनर में क्या बनेगा, इस पर चर्चा करना बेहद गम्भीर काम था।

अभी नाश्ता पूरा भी नहीं हुआ, उससे पहले ही लंच की योजना बन जाती थी। और यह चक्र चलता ही रहता था।

भोजन की योजना बनाने में उसके पौष्टिक गुणों पर जितना ध्यान दिया जाता, उतना ही उसके सौन्दर्यशास्त्र पर भी। नाश्ते में

पनीर मिला दलिया होता, नमक-काली मिर्च लगाकर हल्का-सा तला हुआ, ग्रिल किए हुए टमाटरों और प्याज़ की छल्ली से सजा हुआ और साथ में फ्रेंच फ्राइज़। खाना बर्बाद करने की अनुमति नहीं थी। संयम एक बड़ा गुण था और मेरे माता-पिता की आदतें संयमी तपस्वियों से मिलती-जुलती थीं।

मेरे पिता डॉक्टर थे और पौष्टिक खानपान पर ज़ोर देते थे। उस सूची में मक्खन, घी, दूध, लस्सी का नाम हुआ करता था। यह तब की बात है, जब खानपान की सूचियों में कैलरी गिनने की आदतों ने ठीक से प्रवेश नहीं किया था। वह हमेशा कहा करते थे, "जिस दिन तुम लोग सारी सब्ज़ियाँ खाना शुरू कर दोगे, मैं मान लूँगा कि तुम लोग बड़े हो गए हो।" ख़ुद को बड़ा हो चुका जताने के लिए हम करेला, टिंडा, लौकी तक खा जाते थे, जबकि ये सब्ज़ियाँ हमें कहीं से पसन्द नहीं थीं।

और मुझे जो शौक़ था, वह था फूलदार परदों और चीनी मिट्टी

से बने सजावटी सामानों का। बैठक में रखा सोफ़ा पुराना था जो हमारे एक रिश्तेदार ने हमें दिया था। जब भी कोई उस पर बैठता, उसकी स्प्रिंग से चीं की आवाज़ आती थी। मुझे उस पर टिककर बैठना अच्छा लगता था। वहाँ बैठकर तला हुआ चिप्स खाते और मेडिकल कॉलेज की कैंटीन से लाई हुई बिना फिज़्ज़ वाली कोक पीते हुए मैं हज़ार तरह की जोकरगीरी किया करती थी।

एक शानदार सोफ़े पर टिककर इस तरह खाने से मुझे एकदम राजसी कन्याओं जैसा अहसास होता था, यह बात दीगर है कि चिप्स के तेल के निशान भी आसपास पड़ जाते थे। एक और तस्वीर, जो लगातार मेरे ज़हन में तैरती रहती है, वह है—मेरी माँ खाने से पहले अचार को धोया करती थी। यह एक ऐसी उलटबाँसी है, जिसका कोई विश्लेषण सम्भव नहीं। वह एक ख़ास तरह से 'वहमी' थीं। आप उनकी थाली से खाने का एक कौर भी नहीं उठा सकते थे, कभी उनकी चप्पल नहीं पहन सकते थे, न ही कभी उनके बिस्तर पर बैठ सकते थे। वह कहती थीं, 'जूठा' कर दिया। इसी से समझ सकते हैं कि शुद्ध और प्रदूषित की उनकी परिभाषा कितनी कष्टप्रद थी।

दीवाली के दिनों में जब डॉक्टर साहब और उनके परिवार के

लिए ढेर सारी मिठाइयाँ भेंट में आती थीं, तब माँ के रवैये को बख़ूबी देखा जा सकता था। मेरी माँ सारी मिठाइयों को एक बड़ी कड़ाही में ख़ाली करतीं, फिर उसे हिलातीं, फिर उस पर कुछ सूखे मेवे और कोको पाउडर डालतीं और इस तरह तमाम बर्फ़ी, कलाकन्द, पिन्नी और मिल्क-केक को एक चिपचिपे, लसीले मिष्टान्न में तब्दील कर देतीं। ज़ाहिर है, स्थानीय हलवाई के पास से आई मिठाई को शुद्ध किए बिना वह कैसे अपने परिवार को खाने दे सकती थीं।

इसके बावजूद, मैं अपने बचपन की रसोई को बेहद सम्मान से याद करती हूँ। सोमवार को बेकिंग डे होता था। लन्दन में रह चुके होने के कारण माँ बेकिंग की कला में माहिर हो चुकी थीं। 1955 के बेबी बेलिंग ओवन में वह हॉट केक, अखरोट की ब्राउनी, नारियल के क्रंच और क्रीम पफ़रोल बना लेती थीं। चटनी, जाम और अचार बनाने में तो वह इस तरह निपुण थीं कि रसोई की अलमारी में उनके मर्तबान भरे रहते, उन पर एक पर्ची में तारीख़ें इस तरह लिखी रहतीं कि उन्हें देखकर लगता, यह अलमारी ज़रूर पुराने ज़माने के किसी दवा-विक्रेता की होगी।

आटे-पानी को मिलाने पर जिस तरह ख़मीर उठता था, उससे मैं ख़ासा आकर्षित होती थी। गुँधे हुए आटे को पतले सूती कपड़े से ढककर स्टील की एक परात में रखा जाता था। उसे इतनी बार धोया जाता था कि उसे देख मुझे 'रगड़कर तार-तार कर देना' मुहावरे का सही अर्थ समझ में आया। मेरी नौजवान आँखों के लिए तो आटे का इस तरह फूल उठना किसी चमत्कार जैसा ही था। मैं स्टूल पर बैठी देखती रहती, इस समूची रहस्यमयी प्रक्रिया की ख़ुशबू में पूरी तरह डूबी हुई।

तब जात-पाँत, ऊँच-नीच भी ख़ूब थी। यह देखकर बड़ा कष्ट होता था कि सफ़ाईवाली को एक अख़बार पर बचा हुआ खाना दिया

जाता था। मैं ग़ुस्सा होती, उनसे बहस करती, लेकिन मैं महज़ एक बच्ची ही तो थी, मेरी कौन सुनता! बाद के बरसों में मैंने देखा, अख़बार की जगह टूटी तश्तरियों में किफ़ायत से ताज़ा खाना दिया जाने लगा था। उसके भी कई बरस बाद, यह मंज़र बदल गया और हालात ऐसे बने कि घरेलू नौकर किसी भी बर्तन में कुछ भी खा सकते थे। यह समय की एक यात्रा थी, और इसके आधार पर समझा जा सकता है कि घर में इतने अरसे में किस तरह राजनीतिक और सामाजिक बदलाव आए थे।

हमारा परिवार शाकाहारी था, इसलिए हमारे यहाँ कभी मांस नहीं पकता था। एक दिन, हमारे यहाँ विदेश से एक डॉक्टर आए और उनके लिए हमारी शाकाहारी रसोई में मुर्ग़ा पकाने की तैयारी होने लगी। यह देखकर मैं बुरी तरह आश्चर्य में थी। दो दिन पहले ही वह मुर्ग़ा घर में लाया गया था और मैंने एक तरह से उसे गोद ले लिया था और उसका एक नाम भी रख दिया था। जिस दिन उस मुर्ग़े को काटा जाना था, मैंने उसे जकड़कर पकड़ लिया और गिड़गिड़ाने लगी कि इसे छोड़ दिया जाए। मेरे माता-पिता भी अपने फ़ैसले को लेकर असमंजस में थे, इसलिए उन्होंने तुरन्त मेरी गुज़ारिश मान ली। मैंने मुर्ग़े से ख़ूब प्यार जताया, उसे नहलाया और शैम्पू किया। अगले रोज़ वह निमोनिया से मर गया।

मेरे माता और पिता दोनों ही अलग-अलग पृष्ठभूमि से थे। मेरी माँ अपने मायके की बड़ाई किया करती थीं। वह कहती थीं, "मेरे मायके में टॉयलेट पेपर का इस्तेमाल किया जाता था, जबकि तुम्हारे पिता के घर में टॉयलेट ही नहीं था।" उन्होंने मुझे बताया था कि शादी के बाद मेरे पिता ने माँ के लिए घर की छत पर टीन के पतरे से ढका हुआ एक शौचालय बनवाया था।

मेरी माँ के पिता सरदार सन्त सिंह संसद-सदस्य थे और साथ में इथोपिया में राजदूत भी थे। वह नेहरू-परिवार के क़रीबी दोस्त थे। निज़ामुद्दीन के उनके मकान में बीच में एक बड़ा-सा आँगन था। उसमें दो बाथरूम थे, एक भारतीय शैली का, दूसरे अंग्रेज़ी शैली का। उसमें दो रसोईघर थे, एक शाकाहारी, तो दूसरा मांसाहारी भोजन पकाने के लिए। मांसाहारी भोजन वाली रसोई में सफ़ेद चमकदार लादियाँ लगी थीं और एक सिंक था, जबकि शाकाहारी भोजन वाली रसोई, मिट्टी और ईंट की बनी थी और उसकी फ़र्श को गोबर से लीपा जाता था।

मेरे नाना-नानी व्हिस्की पीते थे, ताश खेलते थे, जबकि मेरे पिता की तरफ़ मामला एकदम अलग था। मेरे दादा साहिब बाबा हारा सिंह चंडीगढ़ के सेक्टर 21 में पारिवारिक गुरुद्वारे में बैठा करते थे। पाकिस्तान में उनकी जो सम्पत्ति छूट गई थी, उसके बदले यहाँ उन्हें गुरुद्वारा दिया गया था। हम लगभग हर महीने चंडीगढ़ जाया करते थे, गुरुद्वारे में रहने वाले अपने दादा-दादी से मिलने के लिए। वहाँ मेरी पसन्दीदा जगह थी लंगर और मैं खुले तन्दूर में पकने वाली रोटियों को बेलने वाली औरतों में शामिल हो जाया करती थी। आटा गूँधते समय औरतें सबद-कीर्तन की बानियाँ गाती थीं, मैं भी उनके साथ आटा गूँधती जिनकी आवाज़ सबद की आवाज़ में घुल-मिल जाती थी। मेरी रोटियों का टेढ़ा-मेढ़ा आकार देखकर वहाँ ख़ासे ठहाके लगते, लेकिन चूँकि वह पवित्र भोज होता है और कोई चीज़ अस्वीकार नहीं हो सकती, मेरी अनगढ़ रोटियों को बाक़ी के भोज में जोड़ दिया जाता था और बाक़ायदा उन्हें परोसा भी जाता था।

अमृतसर का स्वर्ण मन्दिर या दरबार साहिब जितना एक तीर्थस्थल है, उतना ही धार्मिक सद्भावना का भी स्थल। स्कूली छात्र वहाँ अपनी किताबें ले जाकर पढ़ाई करते थे, और कई बार उसके

अहाते में शादियों का आयोजन किया जाता था। वह जितना गूढ़ विषयों पर चर्चा की जगह थी, उतनी ही दुनियादार मामलों पर चर्चा की भी। सार्वजनिक और निजी, पवित्र और सांसारिक, दोनों ही चीज़ें वहाँ आसानी से घुल-मिल जाती थीं।

गुरुद्वारे से लगे लंगर में जाना एक रिवायत थी। दाल की विशाल देगचियाँ, विशाल तवों पर सिंक रहीं अनगिनत रोटियाँ, चावल, आटा, दाल, शक्कर, नमक की इफ़रात बोरियाँ, आसपास घी के बड़े-बड़े बेशुमार डिब्बे—यह सारा दृश्य ऐसा होता, जिसे देख मेरी आँखें श्रद्धा और विनम्रता से भर आती थीं। हवा में उड़ता आटा, रोटी की लोइयों को बेलते लोग, उन लोइयों को थपकाने की आवाज़—इन्हीं दृश्यों और आवाज़ों ने मेरी दुनिया में रंग भरे थे। ऐसा लगता था, जैसे गुँधा हुआ आटा जीवित था, साँसें लेता और छोड़ता हुआ।

दरबार साहिब जाना और सेवा करना हमारे चित्त में बैठा हुआ था। हम बर्तन धोते थे, झाड़ू लगाते थे, और लंगर में खाना परोसा करते थे। यह एक खेल भी था और गुरु की सेवा भी। भक्ति, सेवा,

खेल, सब आपस में मिल गए थे। मैं गुँधे हुए आटे से छोटी गुड़िया या चिड़िया भी बना लिया करती थी। लंगरवाली काले माह की दाल और छोले की ख़ुशबू और रोटी के टुकड़ों में भरकर उन्हें उठाना—उनका स्वाद मेरी यादों के फ़लक पर साफ़ उकेरा हुआ है। नौजवान सेवादार टाट की दरी पर हमें पंगत में बिठाकर, पत्तल पर परोसकर वह पवित्र भोजन कराते थे।

स्वर्ण मन्दिर के आसपास के क्षेत्र को सहर कहा जाता है। जब मैं वहाँ अपने दोस्तों से मिलने गई, मैंने पाया कि उनके घरों में रसोई के लिए कोई ख़ास जगह नहीं थी। अनाज या कपड़ा बेचनेवाली पारिवारिक दुकानों के ऊपर बने फ़्लैट्स में मेरे दोस्त रहा करते थे। हर मकान में रॉट आइरन की ग्रिल से घिरी एक बालकनी हुआ करती थी, जो सड़क की ओर खुलती थी। उस बालकनी में एक रस्सी बँधी होती, जिसके दूसरे छोर पर एक टोकरी टँगी होती। खाने-पीने का सामान

बेचनेवालों के आने का समय उन्हें पता था। 'छोले कुलचे ले लो!' जैसे ही गली में यह आवाज़ गूँजती, वे अपनी टोकरी नीचे गिरा देते थे। टेराकोटा की कटोरी में, हद से ज़्यादा मीठी कुल्फ़ी, जिसमें बहुत सारा फलूदा भरा होता, उसको तो देखते ही मेरे मुँह में पानी आ जाता।

स्वर्ण मन्दिर के ठीक पीछे केसर दा ढाबा में तो हम हर महीने जाते थे। इस दुकान का घी में डूबा हुआ, सात परतों वाला पराँठा हर जगह मशहूर था। वह काली दाल के साथ मिलता था, जिस पर बारीक कतरी प्याज़ और नीबू के रस में पगी हुई कतरी मूलियाँ बिछी होती थीं। इस तरह के भोजन को देखना भी एक ऐन्द्रिक सुख देता।

माँ के साथ किसी रेस्तराँ में जाना शर्मनाक अनुभव बन जाता था। घुसते ही वे दूसरों की थाली को ग़ौर से देखतीं कि वे क्या खा रहे हैं। सब्ज़ी ताज़ा है या नहीं, छौंक ठीक से लगाया है या नहीं—जैसे सैकड़ों सवाल पूछकर वह वेटर की जान साँसत में डाल देती थीं। वह मेज़ को जाँचतीं, हवा को सूँघतीं और चम्मचों के ऊपर उँगली फिराकर देखतीं कि इन पर कहीं तेल के दाग़ तो नहीं लगे हैं। वह मेन्यू के किनारे को तौलिए से पकड़ती थीं। वह अपने साथ स्वच्छता के कई औज़ार लेकर चलती थीं। तौलिया उनमें से एक था। जब वह खाना ऑर्डर कर चुकी होतीं, उसके बाद जग से थोड़ा पानी उड़ेलकर थालियों और कटोरियों में डाल देतीं, फिर उनमें थोड़ा नमक मिला देतीं और उसके बाद अपने साथ लाए टॉयलेट पेपर के रोल्स खोलतीं, फिर उनसे उन सारे बर्तनों को साफ़ करतीं।

मेरे माता-पिता जब ख़ुश होते, तब पूरा घर उनके उत्साह से गूँजता रहता। वेजवुड क्रॉकरी, जो कि हमारे पुरखों की निशानी थी और जिसे हमारे परिवार ने सौ से भी अधिक बरसों से सहेजकर रखा था, ऐसे ख़ुशी के मौक़ों पर उसे बाहर निकाला जाता। मेज़ पर शानदार

कढ़ाईदार मेज़पोश बिछाया जाता, जो कि पास के कॉन्वेंट की सालाना सेल में लिया गया होता।

गुच्ची नाम के एक ख़ास व्यंजन को पुलाव में मिलाया जाता था। मुझे लगता था, इस व्यंजन का नाम बड़ा है और स्वाद छोटा! ख़ैर, गुच्ची के बारे में हमेशा की तरह कई कहानियाँ सुनाई जातीं और कहा जाता कि यह सोने से भी अधिक महँगा है। वह एक तरह का झुर्रीदार, सिलवटों से भरा मशरूम था। मैं सोचती, मामूली-से इस मशरूम ने इतना ऊँचा रुतबा कैसे हासिल कर लिया!

टेबल पर अन्य चीज़ों में भुनी सब्ज़ियाँ, रूसी सलाद, माह की दाल, सूखे आलू और मौसमी तरकारियाँ शामिल होतीं। इस मिले-जुले मेन्यू में औपनिवेशिक विरासत के अवशेषों की झलक के साथ-साथ पंजाबी तहज़ीब भी दिख जाती थी।

कई बरसों से मेरे मन में एक ख़याल है कि मैं स्टेज पर लाइव कुकिंग करूँ। ऐसा करके मैं किसी और दुनिया में पहुँच जाने की सम्भावनाओं का उत्सव मनाऊँगी, एक ऐसी दुनिया, जो राई और जीरा, लाल मिर्च और हींग, सौंफ और हल्दी की ख़ुशबू से भरी हुई हो। मैं जानना चाहती थी कि जब आँखों में कटे हुए प्याज़ की झाँस लगती हो, तब अभिनेता किस तरह का अभिनय कर पाएँगे या पकौड़ा और जलेबी बनाते हुए क्या संगीतकार अपने साज़ों को बजा पाएँगे!

मेरे नाटक 'किचन-कथा' की नायिका तारा का जन्म रसोई की मेज़ पर हुआ था। उस समय वह रो रही थी। वे आँसू क्या किचन की दीवार पर चिपकी प्याज़ की ख़ुशबू के कारण आए थे या एक नवजात बच्चे के असली आँसू थे? तारा को अपने प्रेमी से शादी करने की इजाज़त नहीं मिली, तो उसने अपने भीतर के सारे अनबुझे प्यार को पाककला में झोंक दिया और एक से बढ़कर एक जादुई व्यंजन

बनाए। यह कहानी ऐन्द्रिक स्मृतियों की एक नक्शा-विहीन यात्रा है, जिसमें भोजन, प्रेम और भूख के बीच की सीमाएँ धुँधली हो जाती हैं। यह नाटक भोजन और स्त्रियों के बीच के रिश्ते को भी दिखाता है। भोजन भोजन की तरह, भोजन एक रूपक की तरह, भोजन एक छवि की तरह, भोजन एक नीरस परिश्रम की तरह, भोजन सशक्तीकरण की तरह, भोजन एक अभिव्यक्ति की तरह, भोजन एक पाठ और उसके विविध अर्थों की तरह।

अपनी पंक्तियाँ बोलते हुए स्टेज पर भोजन करने के लिए एक ख़ास तरह की चतुराई और अपनी पाचन-क्षमताओं को समझने का

हुनर चाहिए होता है। आवाज़ में ख़ुद ही लोगों को बाँध लेने वाली शक्ति होती है। इस नाटक की संगीत रचना बी. वी. कारंत ने की थी। उन्होंने कड़ाही के खौलते तेल में प्याज़ की छौंक की आवाज़, धारदार चाकुओं से सब्ज़ियों को काटने की आवाज़, बीजों को मिक्सी में पीसने की आवाज़, बर्तन में उबाल की आवाज़ जैसी कई आवाज़ों का प्रयोग किया था। और इस संगीत के बोल—दरसअल स्टेज पर बनाए जा रहे व्यंजन की विधि ही इस संगीत के बोल बन गई।

भोजन रोज़मर्रा का दर्शनशास्त्र और मानवशास्त्र है। 'खाएँ या न खाएँ' का एक विचार-विमर्श हमेशा चलता है, जो एक सांस्कृतिक मुद्दा बन जाता है, जिसमें आदतें और स्वच्छता जैसी कई बातें शामिल हो जाती हैं। बीच से दो हिस्सों में काटा गया पपीता स्त्री की कोख और मनुष्य के जन्म का प्रतीक होता है। अनार के दाने जीवन के बीजों का प्रतीक होते हैं। बैंगन की ऐन्द्रिकता, आटा गूँधते समय प्राप्त स्पर्श का बोध, अनाज के कणों का आटे में बदल जाने का जादुई अनुभव, फिर उससे गुँधा हुआ आटा बन जाना, फिर उससे गरम रोटियाँ बन जाना—ये सारी बातें हमारी आत्मा का पोषण करती हैं और जीवन की हमारी समझ को नया कर देती हैं। ज़िन्दगी की राह पर मिली निराशाओं और थकान को एक झटके में परे धकेल देती हैं। रोटी को तोड़ना और मिल-बाँटकर खाना—ये हमें आपस में जोड़ता है। ये हमें जोड़ता है उस मिट्टी से, जहाँ से ये सारी चीज़ें उगी थीं।

अनुवाद : गीत चतुर्वेदी

चित्र : नीलम मानसिंह चौधरी

प्रसंगवश : दाल, भात, भुजिया

वन्दना राग

जब पिता कहते थे कि तेरी माँ के हाथ में बहुत स्वाद है तो बात समझ में नहीं आती थी। स्वाद तो खाने में होता है या खाने का होता है। उस वक़्त नहीं पता था कि स्वाद की स्मृतियाँ जीवन के पड़ावों की भी स्मृतियाँ होती हैं। और वे अनगिनत रूपों में हमारे आसपास मँडराती रहती हैं।

वे मेरे बड़े होने के दिन थे। सत्तर का दशक था। नया-नया स्कूल जाना शुरू हुआ था। बाज़ार में नये किस्म के सेंटिड रबड़ और खिलौने की शक्ल वाले कटर आए थे। जिस मध्यवर्गीय स्कूल में मैं पढ़ती थी वहाँ जिस किसी के पास ऐसे रबड़ और कटर होते थे वह लोकप्रियता के पैमाने पर ऊपर चढ़ जाता था। जिस दिन मैंने देखा कि मेरे कुछ प्यारे दोस्त उन लोगों के इर्द-गिर्द चक्कर मारने लगे हैं जो वैसे तो क्लास में पिछलग्गू माने जाते थे लेकिन इस नई अर्जित सम्पत्ति की वजह से अचानक उनकी पूछ बहुत बढ़ गई थी, उसी दिन मैं घर जाकर पूरी पसर गई थी—मुझे भी चाहिए ऐसा रबड़ और कटर। चाहिए! चाहिए ही!

उस दिन, मेरी क्षुब्ध मुद्रा को देखकर माँ ने कुछ नहीं कहा, बस मुझे मन भर रोने दिया। जब मैं रो-रोकर थकने लगी तब उसने

अपने आँचल के कोरों से मेरे आँसू पोंछे और गोद में बिठा लिया। फिर कड़कड़ाए हुए शुद्ध देशी घी से सुवासित, पीले फूलों-सी खिली, दानेदार अरहर दाल में मोती जैसे खिले-खिले अरवा चावल के दानों को मिलाकर उसने छोटे–छोटे कौर बनाए और मुझे प्यार से खिलाना शुरू कर दिया। बीच-बीच में वह स्टील की छोटी तश्तरी में रखी, कुरकुरी आलू की भुजिया की कुछ फाँकें भी मेरे मुँह में डालती रही। भरी दोपहरी का वक़्त रहा होगा और तब तक भूख से पेट में सहरा बनने लगा होगा। रुलाई की थकन ने उसे और अन्धड़-भरा बना दिया होगा। ऐसे में उस दिन दाल-भात-भुजिया ने निश्चित ही उस उजाड़ सहरा में अमृत की वर्षा की होगी क्योंकि उसके बाद ही तो मैं, जाने कैसे इतने चैन से जाकर सो गई और शाम को मज़े में मोहल्ले के साथियों के साथ पिट्टू खेलने भी चली गई। वह तो अगले दिन जब मैं स्कूल गई तो पिछली दोपहर की अपनी ज़िद दोबारा याद आई लेकिन अब उस ज़िद में वह चुभन नहीं बची थी। उसके कुछ ही दिनों बाद मेरे पास भी सेंटिड रबड़ और कार्टून की बनावट वाला कटर आ गया था। लेकिन मैं गलियों में उछाल मारने के बजाय बुद्ध हो गई थी—समभाव से समृद्ध बुद्ध।

वैसे ज़िद करना मेरे व्यक्तित्व का हिस्सा था। पिता कहते थे, अच्छे कामों के लिए ज़िद ज़रूरी है, देखो अपनी माँ को। ज़िद करती है कि त्योहार के दिन हम कुछ करें न करें, खाना विशेष ही बनाएँगे। कहती है, नये कपड़े ख़रीदना, संस्कार करना जैसे तामझाम में शक्ति क्यों लगाई जाए? इससे अच्छा, खाना पकाने में शक्ति लगाई जाए और अपार आनन्द उठाया जाए।

सचमुच, त्योहार हमारे लिए विशिष्ट खानपान के दिन ही रहे और आज भी वे ऐसे ही याद आते हैं।

माँ जब खाना बनाती तो इतनी सुन्दर लगती कि मैं रसोईघर में छोटे से मोढ़े पर बैठ जाती और माँ को निहारती। मुझे याद आता है जब वह मनोयोग से मौसम की नई सब्ज़ी—गोभी-आलू के लिए मसाले तैयार करती तब ख़ुद सिल पर धनिया, मिर्च, जीरा, लहसुन पीसती; गोभी के सुन्दर सफ़ेद फूलों के बराबरी से कटे टुकड़ों को तीखे सरसों तेल में तलती, फिर उन फूलों को एक जाली पर तेल रिसने के लिए छोड़ देती। उसके बाद धीमी आँच पर देर तक मसाले भूनती और फिर कच्चे आलू और तली हुई गोभी को धीरे से कढ़ाई में छोड़कर ढक्कन से ढक देती। पूरे घर में मसालों की तेज़, आकर्षक ख़ुशबू फैल जाती और हम नई-नई गोभी की गमक भीतर तक महसूस करते।

इसी तरह दीवाली तक नए मटर आ जाते और दीवाली की रात माँ मटर से भरी, फूली-फूली, नरम कचौरियाँ तलती। रक्षा-बन्धन के दिन नियम से दाल-भरी पूरी और चावल की गाढ़ी खीर बनती। साथ में चटपटा आलूदम होता। दाल-भरी पूरी के भीतर चने की दाल का मसाला इतने अचूक अनुपात में डला होता कि न पूरी फटती, न कड़ी होती। पिता के सहकर्मी पिता को कहते, भाई, आपके यहाँ तो ग़ज़ब की दलपूरी बनती है। 14 अप्रैल के दिन हम अपना नया साल मनाते। माँ सुबह-सुबह हमें उठाती—चलो आज सतुआनी है, जल्दी उठो, नहा-धोकर सत्तू से मुँह जुठाओ। थाली में थोड़ी-थोड़ी मात्रा में अलग-अलग प्रकार के सत्तू, पानी और नमक से सानकर वह रख देती। मक्का, जौ, चना और भी जो कुछ उपलब्ध हो। साथ में नए-नए टिकोले की चटनी जो हरी मिर्च, पुदीने के पत्तों और खटाई के साथ बनती। जिसे हम स्वाद के हुँकारे भर–भर तबीयत से उड़ाते। उसके बाद पिता मुझसे सभी रिश्तेदारों को चिट्ठी लिखवाते—नया साल मुबारक ! इस साल सबको ख़ूब तरक़्क़ी मिले!

माँ खाने के व्यवहार और तैयारी को लेकर लगभग पर्फ़ेक्शनिस्ट थी। एक बार उसने नेनुआ (तोरी) की सब्ज़ी बना रही अपनी एक सखी को प्यार से टोका था–नेनुआ को बराबर काटना बहुत ज़रूरी है तभी उसमें स्वाद आता है। सखी हँसकर बोली थी, अब तुम्हारे जैसा स्वाद कैसे जगाऊँ मैं? उसके पति एक बड़े रेस्टोरेंट में शेफ थे। माँ की बात सुन वे प्रशंसा से भर गए थे। उस दिन मुझे माँ पर बहुत गुमान हुआ था। मेरी माँ की कितनी धाक है।

माँ जब कभी हमें नाश्ते में दाल का ढोकला परोसती तो उसके पीछे की कहानी भी कहती। हर बार उस कहानी में एक नया रंग होता—जब तुम लोग पैदा नहीं हुए थे और हम लोग इलाहाबाद में रहते थे तब हमारे पड़ोस में एक गुजराती परिवार रहता था। वे लोग कराची से आए थे। तुमने पढ़ा होगा अपनी किताब में—भारत की आज़ादी की बात और देश के दो टुकड़ा होने की बात। तो वे लोग आज के पाकिस्तान में रहते थे पहले, फिर किसी तरह भागकर आए। क्योंकि उन दिनों लोग एक-दूसरे पर शक करने लगे थे और एक-दूसरे को मार रहे थे।

भाई ने इस पर सहमकर पूछा था, जान से क्या माँ?

माँ ने दुलार से सर हिलाया था और विभाजन की विभीषिका को खाने के रस की ओर मोड़ दिया था। अरे भाई क़िस्सा सुनो तो—उन्हीं लोगों ने मुझे ढोकला बनाना सिखाया और गुजराती दाल भी। भाई दाल का बड़ा शौक़ीन था। वह माँ से हरदम फ़रमाइश करता था—मीठी–मीठी दाल बनाओ। माँ की बात सुन भाई मीठी दाल के सपनों में गोते लगाने लगा था।

एक बार पिता के वाहन-चालक मुख्तियार जी ईद के अवसर पर हमारे लिए, ढेर सारे सामिष व्यंजन ले आए। माँ ने उन्हें फिर यूँ

ही जाने न दिया। बिठाकर गर्म-गर्म दाल, भात और भिंडी की भुजिया परोस दी । वे ना-ना करते रहे लेकिन फिर भी थाली भर खा गए। कहने लगे, आज मेमसाहब ने हमें स्वाद से तर कर दिया। मेमसाहब के हाथ में जादू है। यह सुन हम भाई-बहन खूब हँसने लगे। मुख्तियार जी से हमारी अच्छी पटती थी। उनके खाने के बाद हम सब बरामदे में मोढ़ों पर बैठ गए। मुख्तियार जी ने सबसे छोटे भाई को गोद में बिठा लिया और हम सबको अपनी एक पसन्दीदा ग़ज़ल सुनाने लगे—*इधर ज़िन्दगी का जनाज़ा उठेगा, उधर ज़िन्दगी उनकी दुल्हन बनेगी।* बाद में उस ग़ज़ल को मैंने यूट्यूब पर खोजकर अताउल्लाह ख़ान की आवाज़ में सुना था और याद किया था कि कैसे उस दिन मुख्तियार जी इस ग़ज़ल को गाते-गाते उदास हो गए थे। मुझे याद है, मैंने उनसे पूछा था—आप क्या हमेशा से ड्राइवर बनना चाहते थे? जिस पर उन्होंने हँसकर जवाब दिया था—नहीं-नहीं। पहले पहलवानी करता था। गामा पहलवान का बड़ा असर था मुझ पर। फिर गाना सीखा। अब बम्बई जाकर क़िस्मत आज़माना चाहता हूँ।

बाद में मैं अक्सर सोचा करती थी—क्या मुख्तियार जी का कुछ हुआ होगा, क्या वे हीरो बन पाए होंगे कि एक दिन अचानक वे मुझे टीवी पर दिख गए—'भारत एक खोज' सीरियल के एक एपिसोड में। उस दिन मैं घर भर में चिल्लाती फिरी थी—अरे भाई, अपने मुख्तियार जी तो आख़िर टीवी पर आ गए। उनका सपना पूरा हुआ। कितना मज़ा आया ना!

लोग कभी–कभी माँ के पाक-कौशल से अचम्भित हो पूछते थे, मिसेज़ तिवारी, आप कितना अच्छा खाना बनाती हैं; गुजराती, मराठी, पंजाबी सब आता है आपको! माँ पिता की ओर देखकर कहती, अरे, इनकी नौकरी की वजह से इतने शहरों में रहना हुआ है। ऐसे में खाने

की क़िस्में और भाषा की थोड़ी-बहुत समझ तो आ ही जाती है। लोग ताज्जुब करते क्योंकि वे भी पिता की तरह उसी पी.एस.यू. में काम करते थे और अपनी नौकरी की वजह से शहर-दर-शहर स्थानान्तरित होते रहते थे। लेकिन उनके घरों में ऐसा विविध और स्वादिष्ट खाना नहीं बनता था।

पिता कभी भी किसी को खाने पर बुलाते तो पाँच सब्ज़ियों से कम पर बात नहीं बनती। वे ख़ुद बाज़ार जा सब्ज़ियाँ लाते। फिर रसोई के सहायकों से उन्हें धुलवाते। तब तक माँ रसोई में आ जाती और उन्हें रसोई से दुत्कार कर भगा देती—मेरे साम्राज्य में दख़ल नहीं! माँ का साम्राज्य उसका अपना बनाया साम्राज्य था। और माँ को उससे बहुत ज़्यादा लगाव था। उस साम्राज्य में वह अपनी रचनाशीलता के साथ उड़ान भरती थी। पिता, माँ का बहुत ख़याल रखते और हमें कहते रहते—माँ की मदद करो, वह थक तो नहीं रही है। लेकिन माँ बिलकुल नहीं थकती थी और यह हमें ग़ज़ब-सी बात लगती थी। उसका खाने की चीज़ों एवं उसकी चौंकाने वाली सम्भावनाओं से एक नैसर्गिक जुड़ाव था जो उसके न दिखलाते हुए भी सभी को दिखलाई पड़ जाता था और अपने चमत्कार में बाँध लेता था।

जब मैं बड़ी हो रही थी तब माँ हमारे लिए सामिष खाना भी ख़ूब पकाती थी। हर इतवार मीट और कभी-कभी सरसों के झोल वाली रोहू मछली। जब हमारे घर मीट पकता तो उसकी ख़ुशबू पूरे मोहल्ले में तिरने लगती थी। इतवार के दिन कभी-कभार आनेवाले मेहमान पूछते, पर आप लोग तो ब्राह्मण हैं, शाकाहारी हैं! फिर इतना अच्छा मीट कैसे पकाती हैं मिसेज़ तिवारी? क्या आप अपने बच्चों को मांसाहारी बनाना चाहते हैं? पिता हँसकर कहते, बच्चों को हमने कहा है कि वे ख़ुद तय करें उन्हें क्या पसन्द हैं। यदि मीट पसन्द है तो खाएँ, नहीं

पसन्द तो न खाएँ। एक्सपोज़र देना ज़रूरी है। फिर, खाना-पीना तो सबकी निजी पसन्द का मामला होना चाहिए।

पिता ऐसी बातें उन दिनों निस्संकोच हो कह सकते थे। सादा ज़माना था और गुलशन कुमार के कैसेट की दुनिया ने ताज़ा-ताज़ा आकार लेना शुरू ही किया था। रामायण के बाद महाभारत इस देश में अँगड़ाई ले रहा था। आज की दुनिया की नींव रखी जा रही थी। बस नींव थी, ज़माना आया नहीं था पूरा-पूरा। ज़माना धमकाता नहीं था इन बातों के लिए तब। हम भी नए-नए चूजों की तरह दुनिया को परखने ताज़ा–ताज़ा निकले ही थे। हमें शाकाहार और मांसाहार के द्वन्द्व और झमेले की सुगबुगाहट नहीं लगी थी तब तक और हम एक अर्बन मिडिल क्लास के आदर्शवाद को जीने के लिए प्यार से अभिशप्त थे।

लेकिन माँ ऐसी नहीं थी। वह खरा-खरा बोलने के लिए कुख्यात थी। वह 'किसी के मनोभावों को ठेस लगेगी' की मानसिकता से नहीं जकड़ी थी। खाने से उसके लगाव ने उसे ग़ज़ब का उदात्त और साहसी बनाया था। वह अपने बचपन में किए गए मांसाहार के क़िस्से बेखटके बताया करती थी। उसने बहुत बाद में बिगड़ते स्वास्थ्य-कारणों से मांसाहार छोड़ा था।

बिहार के सिवान ज़िले के लहेजी गाँव में उसका मायका था, जहाँ सिर्फ़ निरामिष खाना ही नहीं पकता था बल्कि सामिष खाना भी उतने ही जतन से पकाया जाता था। घर के बाहर ताज़ा मिट्टी का चूल्हा बनाया और लीपा जाता था। उसी पर घंटों, खड़े मसालों के साथ, घी में भुना हुआ मीट पकता था। फिर लगभग एक अनुष्ठान की तरह घर के सभी लोग पंगत में बैठ हरे पत्तलों पर परोसे गए मीट और भात को चाव से खाते थे। वह कहती थी—गाँव का जीवन उन दिनों सुन्दर था। आज की तरह के झमेले नहीं थे।

अपने अन्तिम दिनों में वह कभी–कभी अपने लहेजी का ज़िक्र करती थी और मीट की उस सोंधी गन्ध को याद करती थी। वह कहती थी—आज भी वह स्वाद जब जीभ पर घुलता है तो मुँह में पानी आने लगता है। मैं दंग रह जाती थी—क्या स्वाद की स्मृति जीभ पर सदा के लिए बस जाती है? क्या कोई ख़ास स्वाद कभी नहीं बिसरता?

माँ, मुझे दुनिया की सबसे इन्वाल्व्ड मनुष्य लगती जो न जाने किस अनजानी ऊर्जा से हरदम संपृक्त रहती। तभी तो जीवन के अपने अन्तिम दिनों में भी वह होली के दिन सुबह चार बजे उठकर दिल्ली की अपनी पसोपेश और बीमारी वाली दुनिया में भी पुए तलती नज़र आती। वह बीसवीं सदी के उन अन्तिम दिनों में भी आटे के ही पुए बनाती थी जबकि तब तक बाक़ी लोग तरह–तरह के स्टाइलिश मालपुए बनाने लगे थे, खोए और चाशनी के संयोजन से सादे पुओं को परिष्कृत कर। बाज़ार में भी ऐसे ही पुओं की माँग बढ़ गई थी। लेकिन माँ अपने सादे पुओं को नहीं त्याग पाई थी और बनी हुई थी। इसी तरह रामनवमी की याद आती है और उस दिन खाए जाने वाले आटे के गुलगुलों की। कितनी अद्‌भुत बात है यह कि माँ के होली पर बनाए आटे के पुओं का स्वाद रामनवमी के आटे के गुलगुलों से अलग होता था। जबकि दोनों को बनाने की विधियाँ लगभग समान थीं।

उन दिनों रामनवमी सादा रंग हुआ करती थी। उसी तरह सादा रंग गुलगुले भी बनते थे तब। इतने स्वादिष्ट, नरम और गोल-गोल कि खाओ तो खाते चले जाओ—बेगिनती, बेरोकटोक।

जिन दिनों मैं दिल्ली में कॉलेज में पढ़ने लगी थी उन्हीं दिनों, मेरे बचपन की एक सहेली असम से आई थी बरसों बाद मिलने। पिता की पोस्टिंग उन दिनों दिल्ली में ही थी। आते ही उसने माँ के गले लगकर कहा, आंटी, क्या आप अभी भी वैसी ही दाल बनाती हैं

जैसी मैंने आपके यहाँ बचपन में खाई है मुझे वही खाना है। माँ हँसते हुए बोली थी, इतनी बड़ी हो गई, इतने दिनों बाद आई है, अभी भी दाल-भात ही खाएगी?

सहेली ने ज़िद करते हुए लाड़ से कहा, वही खाना है—वही आंटी। बस वही।

खाना खाते वक़्त वह हाथ से दाल-भात सानते हुए बोली—वही स्वाद आंटी। आपके हाथ का स्वाद नहीं बदला।

और वह स्वाद की आध्यात्मिक अनुभूति में गहरे डूब गई थी। मानो किसी खो गए खिलौने को दोबारा पा कोई कोमल निष्कलुष बच्चा, हँसता जाता है। फिर रोता जाता है।

कभी–कभी, माँ, सत्तू का चटखारेदार चोखा बनाती थी और उसे शाम को भूख लगने पर खाया करती थी। उस चोखे में भरवाँ मिर्च के अचार का मसाला डला होता था। अस्सी के दशक में दिल्ली के लोग अक्सर सोचते थे कि बिहार के हैं तो लिट्टी पसन्द होगी, वही खाते होंगे दिन-रात। लेकिन माँ को लिट्टी पसन्द नहीं थी, इसीलिए वह लिट्टी के बजाय हमेशा मकुनी बनाया करती थी—सत्तू भरे नमकीन लज्जतदार पराँठे जिसे आलू, बैंगन और टमाटर के चोखे के साथ हम खाते थे। दिल्ली के लोगों की बात सुन, माँ कहती थी—क्या बिहारी-बिहारी करते हैं लोग? हम लोग अब कहाँ किसी जगह के? पूरा देश घूम लिया। उत्तर से दक्षिण तक, पूरब से पश्चिम तक। सब जगह का थोड़ा–थोड़ा हमारे भीतर समा गया है। और वह सफल भारतीय होने के उल्लास से हँसती फिर उसी रौ में कहती, अब देखो, अन्तिम समय में कहाँ रहेंगे? लेकिन यह सब कह वह बार–बार मगन हो कुछ पकाती खिलाती बनी रहती। मानो वह पृथ्वी पर यही करने आई है और यहाँ से कहीं नहीं जानेवाली।

लेकिन एक दिन अचानक, माँ चली गई। और ऐसा लगा उसके बाद, उसके साथ खाने का स्वाद भी चला गया। हम जब भी कुछ खाते वह हमें मिट्टी लगता। माँ के जाने के बाद के कई शोकाकुल दिन जब बीत गए तो पिता ने हमसे एक दिन कहा, क्या तुममें से कोई बच्चा, माँ जैसी सादी आलू-परवल की भुजिया और दाल-भात बनाएगा आज?

हम सब अब ख़ासे बड़े थे, पिता हमें सहज करने के लिए बच्चा-बच्चा कर रहे थे। या हो सकता है वह माँ के साथ चले गए स्वाद की वापसी की कल्पना में डूब-उतरा रहे थे। अपने बच्चों से कुछ आशान्वित हो रहे थे।

जो हो! पिता का इसरार सुन हम तीनों भाई-बहन रसोईघर में तेजी से घुस गए। हमने सोचा, पिता ने माँग की भी तो कैसी? इतनी साधारण चीज़ की? फिर भी हम पिता को ख़ुश करने की नीयत से भरे हुए थे। हमने बहुत प्यार से पिता की कही चीज़ें बनाईं और उन्हें परोस दीं। फिर वहीं बैठ गए आसपास उनका मुँह देखने कि ख़ुश हो जाएँ पिता। प्लीज़, प्लीज़ भगवान...माँ के जाने के बाद कितने उदास हैं पिता...बस थोड़ा ख़ुश हो जाएँ। हमने देखा, पिता ने एक-एक कौर बहुत प्यार से खाया। ख़ूब मुस्कुराए और जब खाना ख़त्म किया तो बोले, शाबाश! ख़ूब अच्छा था पर माँ जैसा नहीं था! हम अपनी पीठ ठोंकते-ठोंकते रह गए।

बहुत बाद में जब मैंने पाब्लो नेरुदा की *ओड टू ऑर्डनेरी थिंग्स* साधारण खाने की चीज़ों पर कविताओं की शृंखला को पढ़ा तो साधारण और सादे की सुन्दरता को और गहराई से दिल में उतरा हुआ पाया। ऐसा लगा नेरुदा ने जाने कैसे दूसरे महाद्वीप में बैठ माँ के मन की बातें लिख दीं? और कितनी अनोखी बात है कि आज 21वीं सदी की भेड़चाल और चकाचौंध ने भी उस सादे की सुन्दरता को क्षीण

नहीं किया है। मैं दुनियाभर की सैर कर लूँ, क़िस्म-क़िस्म के खाने के नशे में सराबोर हो जाऊँ लेकिन आज भी जब अपने घर लौटती हूँ तो गरम भात और सादी अरहर की दाल में कड़कड़ाया हुआ घी डालकर, एक-एक कौर वैसे ही सानती हूँ जैसे बचपन में माँ मेरे लिए साना करती थी। फिर धीरे से उसी कौर में एक कुरकुरी आलू की भुजिया ठेल देती हूँ और आँख बन्द कर उस अप्रतिम कविता को याद करती हूँ जो माँ थी, जो उसका समय था। सादा और अनुपम! अनश्वर और उत्सव से भरा! मेरा आरामबाग! मेरा सुकूनगढ़! जहाँ दुनिया-जहान की कुरूपताओं से इतर सिर्फ़ स्वाद और प्रेम की सुन्दर बारिश बरसती है।

आलेख मूल रूप से हिन्दी में लिखित

चित्र : वन्दना राग

लेखक-अनुवादक परिचय

मनोरंजन ब्यापारी के नाम अनेक उपन्यास, आत्मकथा के चार खंड, 50 कहानियाँ, और सैकड़ों कविताएँ हैं। पश्चिम बंगाल स्थित हेलेन केलर इंस्टिट्यूट फॉर डेफ एंड ब्लाइंड के साथ वे हाल-हाल तक एक रसोइये के रूप में जुड़े रहे थे। 2019 में उन्हें कथेतर गद्य की किताब 'इतिवृत्ते चंडाल जीवन' के लिए सम्माननीय हिन्दू पुरस्कार प्रदान किया गया है। इस किताब को अंग्रेज़ी में 'इंटेरोगेटिंग माइ चंडाल लाइफ़ : ऐन ऑटोबायोग्राफ़ी ऑफ़ अ दलित' शीर्षक से अनूदित होने के बाद विश्व स्तर पर सराहना मिली है।

लीला सैमसन भरतनाट्यम की सुप्रसिद्ध नृत्यांगना, नृत्यसंयोजक, शिक्षक, लेखक एवं अभिनेत्री हैं। उन्हें नृत्य की प्रेरणा और परिष्कार कलाक्षेत्र चेन्नई के लम्बे प्रवास से मिला। 1975 से 2005 तक उन्होंने श्रीराम भारतीय कला केन्द्र में पढ़ाया। उन्हीं दिनों वे स्वतंत्र रूप से बच्चों को भी नृत्य सिखाती थीं। उस दौरान उन्होंने अनेक बार नवाचारी परिकल्पना के आधार पर समूह नृत्य प्रदर्शित किए और स्पन्दा नाम से इस बहुरंगी नृत्य परियोजना को अमली जामा पहनाया। लीला ने बहुत

सारी यात्राएँ की हैं और भारत एवं विदेश के सम्माननीय उत्सवों में अपने नृत्य का प्रदर्शन किया है। उन्होंने लस्टर प्रेस के लिए 1987 में 'रिदम इन जॉय' किताब लिखी जो शास्त्रीय नृत्य विधाओं पर आधारित है। उन्होंने कलाक्षेत्र की सुप्रसिद्ध संस्थापक रुक्मिणी देवी के जीवन पर आधारित 'रुक्मिणी देवी : ए लाइफ़' भी लिखी है, 2010 में पेंगुइन वाइकिंग प्रेस से प्रकाशित हुई। उन्हें 1982 में संस्कृति पुरस्कार प्रदान किया गया और 1990 में पद्मश्री। नृत्य चूड़ामणि पुरस्कार 1997 में मिला, संगीत नाटक अकादमी पुरस्कार 2000 में और नाट्य कला आचार्य 2015 में म्यूज़िक अकादमी चेन्नई द्वारा प्रदान किया गया। अगस्त 2010 से सितम्बर 2014 तक उन्होंने संगीत नाटक अकादमी के अध्यक्ष के रूप में काम किया और 2011 के मध्य से 2015 तक सेंट्रल बोर्ड ऑफ़ फ़िल्म सर्टिफ़िकेशन के अध्यक्ष पद पर भी कार्य किया। लीला, आज विश्व भर में एकल प्रस्तुतियों के अलावा स्पन्दा डांस कम्पनी के तहत समूह प्रस्तुतियाँ देती हैं।

आशुतोष भारद्वाज द्विभाषी लेखक एवं पत्रकार हैं। वे साहित्य की अनेक विधाओं में दख़ल रखते हैं जिनमें रिपोर्ताज, फ़िक्शन, साहित्यिक आलोचना, खोजी पत्रकारिता, यात्रा वृत्तान्त एवं संस्मरण शामिल हैं। उनकी लिखी तीन किताबें प्रकाशित हुई हैं—कहानी संग्रह 'जो फ्रेम में न था', देवी शंकर अवस्थी पुरस्कार प्राप्त आलोचना की किताब 'पितृ वध' और नक्सल विद्रोह पर अत्यन्त मानीखेज़ किताब 'द डेथ स्क्रिप्ट' जिसे 2020 का अट्टा गॅलट्टा नॉनफ़िक्शन सम्मान मिला। आशुतोष इंडियन इंस्टीट्यूट ऑफ़ एडवांस्ड स्टडी, शिमला में फ़ेलो भी रहे हैं।

दामोदर मावजो ज्ञानपीठ पुरस्कार से सम्मानित लेखक हैं। उन्होंने कोंकणी में 20 से अधिक कहानी-संग्रह और उपन्यास लिखे हैं। एक किताब अंग्रेज़ी में भी लिखी है और अनेक किताबों का अनुवाद किया है। वे साहित्यिक आलोचना कर्म में भी सक्रिय हैं और उन्होंने स्क्रिप्ट लेखन भी किया है। उनकी पाँच किताबें अंग्रेज़ी में अनूदित हुई हैं और कुछ किताबें मराठी में। 14 भाषाओं में अनूदित उनके उपन्यास 'कार्मेलिन' को 1983 में साहित्य अकादेमी पुरस्कार मिला। उनके उपन्यास 'सूनामी साइमन' को वी.वी. पाई पुरस्कार प्राप्त हुआ। इसके अलावा उन्हें गोवा के प्रादेशिक संस्कृति विभाग ने भी सम्मानित किया है। उनके कहानी-संग्रह 'टेरेसा'स मैन' को फ्रैंक-ओ-कोनर इंटरनेशनल अवॉर्ड के लिए नामित किया गया।

कलापिनी कोमकली नई पीढ़ी की सशक्त शास्त्रीय संगीत गायिका हैं। वे पंडित कुमार गन्धर्व और विदुषी वसुन्धरा कोमकली की पुत्री हैं। वे नवाचारी गायन भी करती हैं और ग्वालियर गायिकी की परम्परा को अपने ढंग से परिभाषित करती हैं। वे अत्यन्त समर्पित संस्कृतिकर्मी हैं और शास्त्रीय संगीत की परम्परा को जीवन्त बनाए रखने के लिए अनेक प्रयास करती हैं जिसमें पैतृक स्थान देवास में आयोजित संगीतोत्सव प्रमुख है। इस कार्यक्रम में वे अनेक नए गायकों एवं संगीत-विशेषज्ञों को आमंत्रित करती हैं और सभी के बीच संवाद को प्रोत्साहित करती हैं। वे कुमार गन्धर्व संगीत अकादमी की सक्रिय सदस्य हैं। उनके गाए गीतों की रिकॉर्डिंग्स में—आरम्भ, इनहेरीटेंस (एचएमवी) धरोहर (टाइम्स म्यूज़िक), स्वर-मंजरी (लाइव कॉन्सर्ट रिकॉर्डिंग, वर्जिन रेकॉड्र्स शामिल हैं।

कलापिनी ने 'पहेली' और 'देवी अहिल्या' जैसी फ़िल्मों के लिए साउंडट्रैक भी किया है।

जया जेटली ने भारतीय बुनकरों एवं शिल्पकारों के साथ बहुत काम किया है और उनके काम को विश्वस्तरीय पहचान दिलाने का अथक प्रयास भी। 1967 से वे लगातार सुदूर क्षेत्रों की यात्रा कर यह काम कर रही हैं। गुर्जरी संस्थान के डिज़ाइन एवं मार्केटिंग विभाग में उन्होंने 11 वर्षों तक एक परामर्शकर्ता के रूप में बहुमूल्य योगदान दिया और स्वतंत्र दस्तकारी हाट समिति की स्थापना 1986 में की जो राष्ट्रीय स्तर पर शिल्पकारों को जोड़ती है। उन्होंने दिल्ली हाट की 1994 में स्थापना में भी योगदान दिया जो शिल्पकारों एवं बुनकरों के सामान को क्रय करने का स्थायी स्थान है। वे नवाचारी ढंग से कलात्मक क्राफ्ट मैप्स बनाती हैं जिसके अन्तर्गत वे भारतीय शिल्पकारों के लिए कार्यशालाएँ आयोजित करती हैं, उन्हें विदेशी बुनकरों और शिल्पकारों से मिलवाकर सह-संयोजन से नए डिज़ाइन एवं शिल्प से रची चीज़ें तैयार करवाती हैं। इससे विदेशों में भी भारतीय शिल्पकारों के लिए एक नया बाज़ार निर्मित हुआ है। उन्होंने गूगल आर्ट्स एंड कल्चर के तहत क्राफ्टेड इन इंडिया नामक योजना का नेतृत्व किया है और विश्व भर में ऑनलाइन माध्यम से सैकड़ों शिल्पकारी कथाओं को एकत्र कर उनका सार्वजनिक प्रसार किया है। उन्होंने अनेक आलेख लिखे हैं। 'क्राफ़्ट्स ऑफ़ गुजरात', 'क्राफ्ट्स ऑफ़ जम्मू', 'कश्मीर एंड लद्दाख', 'क्राफ़्टिंग नेचर' 'क्राफ़्ट ट्रेडिशंस ऑफ़ इंडिया', 'क्राफ़्ट्स ऐट्लस ऑफ़ इंडिया', 'द आर्टिस्ट्री ऑफ़ हैंडवर्क', 'द वोवन टेक्सटाइल्स ऑफ़ वाराणसी', 'अ पोडिअम ऑन द पेवमेंट और विश्वकर्मा'ज़ चिल्ड्रन' उनकी किताबें

हैं। किताब 'क्राफ़्टिंग इंडियन स्क्रिप्ट्स', 2015 में आई जिसके साथ अक्षरा प्रदर्शनी भी लगी। उनकी नवीनतम किताब 'लाइफ़ अमंग स्कॉर्पिएंस : अ मेमॉयर ऑफ़ अ वुमन इन इंडियन पॉलिटिक्स' है। वे बच्चों के लिए भी लिखती हैं और शैक्षणिक एवं सांस्कृतिक संस्थानों में सम्भाषण भी करती हैं।

अमनदीप सन्धु राउरकेला ओडिशा में पैदा हुए थे। पढ़ाई उन्होंने हैदराबाद विश्वविद्यालय से की और आजकल बंगलोर में रहते हैं। उनके दो उपन्यास, 'सिपिया लीव्ज़' 2008 में और 'रोल ऑफ़ आनर' 2012 में रूपा प्रकाशन से शाया हुए। उनकी कथेतर गद्य की किताब 'पंजाब : जर्नीज़ थ्रू फॉल्ट लाइंस' 2019 में वेस्टलैंड/अमेज़न से आई जो थोड़ी संस्मरणात्मक, कुछ ऐतिहासिक ब्योरों से सम्पृक्त और कुछ रिपोर्ताज की शक्ल में बनी विशिष्ट किताब है। अमन ने कोविड-19 लॉकडाउन के दौरान मानसिक स्वास्थ्य पर एक इ-बुक 'ब्रवाडो टू फीयर टू अबैंडमेंट : मेंटल हेल्थ एंड कोविड-19 लॉकडाउन', लिखी जो बेहद चर्चित हुई। उनके आलेख एवं कहानियाँ अनेक पत्र-पत्रिकाओं एवं वेबसाइटों में छपे हैं। वे हिन्दू बिज़नेस, स्क्रॉल, एवं कैरावैन के लिए निरन्तर लिखते हैं। वे अकादमी स्कलोस सॉलिट्यूड, स्तुतगार्ट में 2013-2015 तक फ़ेलो रहे हैं। आजकल वे होमी भाभा फ़ेलो हैं और अपनी 2022-2024 तक चलने वाली फ़ेलोशिप के तहत किताब 'द आउटलायर्स : सिख्स हू लिव आउट्साइड पंजाब, इन इंडिया', पर काम कर रहे हैं।

कल्याणी दत्ता लेखक एवं अनुवादक हैं। उन्होंने मीना भार्गव के साथ मिलकर विमेन एजुकेशन एंड पॉलिटिक्स : द विमेंस मूवमेंट एंड डेल्हीस् इंद्रप्रस्थ कॉलेज, (ओयूपी 2005) आलेख लिखा है। उन्हें कथा अनुवाद पुरस्कार मिला है। रुकैया सखावत हुसैन की चुनिन्दा रचनाओं का अनुवाद किया है, जो 'फ्रीडम फ़ेबल्स : सटायर एंड पॉलिटिकल राइटिंग्स' नाम से पुस्तकाकार छपा है जिसे 2019 में क्रॉसवर्ड अनुवाद पुरस्कार के लिए नामित किया गया। इसके अलावा उन्होंने अवनीन्द्र टैगोर की 'राजकहिनी', और तृष्णा बसाक की 'सबुज कार्ड : बांग्लादेश राइटिंग्स 1971 के अनुवाद' भी किए हैं। राधा चक्रवर्ती और और फ़ख़रुल आलम के सम्पादन में हावर्ड से प्रकाशित 'द एसेंशियल टैगोर भी उनके द्वारा अनूदित हैं।

नीलम मानसिंह चौधरी प्रसिद्ध नाट्यकर्मी और निर्देशक हैं। वे चंडीगढ़ में रहती हैं। उन्होंने विश्व भर के अनेक शहरों में नाट्य प्रदर्शन किए हैं। 2003 में उन्हें संगीत नाटक अकादमी का थिएटर निर्देशन वर्ग का सर्वोच्च पुरस्कार प्राप्त हुआ और 2011 में उन्हें पद्मश्री से सम्मानित किया गया। वे पंजाब विश्वविद्यालय में प्रोफ़ेसर एमिरेट्स हैं।

वन्दना राग द्विभाषी लेखक, अनुवादक एवं संस्कृतिकर्मी हैं। 'यूटोपिया', 'हिजरत से पहले', 'ख़यालनामा', 'मैं और मेरी कहानियाँ' उनके कहानी-संग्रह हैं। ई. जे. हॉब्सबॉम की किताब 'ऐज ऑफ़ कैपिटल' का 'पूँजी का युग' शीर्षक से उन्होंने हिन्दी में अनुवाद किया है। तक्षशिला द्वारा ग्रामीण बच्चों की शिक्षा की पहल के अन्तर्गत

उन्होंने एक कार्यशाला लेकर ग्रामीण बच्चों की स्वरचित कहानियों की किताब 'क़िस्से लबालब' का संयोजन एवं सम्पादन किया है। 'बिसात पर जुगनू' उनका पहला उपन्यास है जो राजकमल प्रकाशन से प्रकाशित है। इसके अलावा वे विभिन्न पत्र-पत्रिकाओं में साहित्यिक एवं सामाजिक विषयों पर लिखती रहती हैं।

गीत चतुर्वेदी हिन्दी के सबसे ज़्यादा पढ़े जानेवाले समकालीन लेखकों में से एक हैं। उनकी प्रमुख कृतियों में दो कहानी-संग्रह– 'सावंत आंटी की लड़कियाँ' व 'पिंक स्लिप डैडी' तथा दो कविता-संग्रह–'आलाप में गिरह' व 'न्यूनतम मैं' शामिल हैं। 'टेबल लैम्प' साहित्य, सिनेमा व संगीत पर लिखे उनके निबन्धों का संग्रह है। उनकी रचनाएँ देश-दुनिया की 19 भाषाओं में अनूदित हो चुकी हैं। उनकी कविताओं के अंग्रेज़ी अनुवाद का संग्रह 'द मेमरी ऑफ़ नाउ' 2019 के बसंत में अमेरिका से प्रकाशित हुआ। उनके नॉवेल 'सिमसिम' के अंग्रेज़ी अनुवाद को (अनुवादक : अनिता गोपालन) 'पेन अमेरिका' के 'पेन-हैम ट्रांसलेशन ग्रांट अवार्ड' से सम्मानित किया गया है। कविता के लिए उनको 'भारतभूषण अग्रवाल पुरस्कार' तथा गल्प के लिए 'कृष्णप्रताप कथा सम्मान', 'शैलेश मटियानी कथा सम्मान', 'कृष्ण बलदेव वैद फ़ेलोशिप', 'स्पंदन कृति सम्मान' मिल चुके हैं। वे इन दिनों भोपाल में रहते हैं।